漬け物大全

世界の発酵食品探訪記

小泉武夫

講談社学術文庫

学術文庫版のまえがき

日本人の伝統的な食文化の「和食」が、ユネスコ無形文化遺産に登録されたのは周知の通りであるが、その和食が成立する基本要件として「一汁一菜《いちじゅういっさい》」あるいは「一汁《いちじゅう》三菜《さんさい》」という形式がある。「一汁」とは「飯《めし》」と「汁もの」のこと、「菜」は「おかず」の意味を持つ。その上で、菜の中には必ず「香《こう》の物《もの》」(漬け物)を配置させなければならないという決まりがあり、従って「一汁一菜」の場合は「飯と汁と漬け物」、「一汁三菜」では「飯と汁と漬け物と他に二つのおかず」で和食が成立するのである。

このように漬け物は、日本人の食事にとって不可欠かつ重要な嗜好食品であって、これを除いて考えることは不可能なのである。文字が現れて間もない天平年間には、奈良から出土した木簡にウリや青菜の塩漬けが記録されているのを見ても、いかにこの民族は古い時代から漬け物を食べてきたかがよくわかるのである。

もちろん、文字の無かったそれ以前より、漬け物つくりに必要な塩は存在しているので、漬ける材料があれば漬け物はできるのである。おそらく縄文時代にはつくられていたという見方が大半である。平安期を経て室町時代に入ると、漬け物は急激に発展したことが残されている多くの古文書で知ることができる。質素な食生活をしてきた日本人にとって、この発酵性嗜好物は以後、日本人の体臭の一部になると言ってもよいほどの進化をみせ、漬ける材料は植物系に留まることなく、魚介類や獣肉にまで及んだ。そして漬ける床《とこ》も塩に限らず、糠《ぬか》、醤油、味噌、麴《こうじ》、粕、酢など多彩になっていった。美味しいので食が進み、とりわけ保存が効くという、魔法のような食べものであったから、日本人はいつの時代にもこの食べものに尊敬の念で接し続けてきたのである。

本書では、このような漬け物とこの民族との関わりやその背景を語りながら、日本人にとって漬け物とはどのようなものなのかを歴史や生活観も交えて解説し、またこの伝統食が全国の多くの地域で別個に成立、発展して「お国自慢」的名物として憧れられてきた実情も述べる。

一方、教養としての立場から漬け物を知るために、漬け物の基礎知識（漬け上がる原理、漬け物の分類、発酵を司る微生物の話、栄養価と保健的機能性など）についても解説する。さらに、漬け物王国日本は、他国の追随を許すことなく今もって世界の王座に君臨しているが、外国にもこの食べものが広く存在している。そこで、読者が海外旅行等で役立つこともあると思われるので、世界の国々の漬け物についても加えておいた。

本書でこれから述べる漬け物について、これ以上ないほどの賛辞を書き残しているのが種田山頭火（一八八二～一九四〇）である。この俳人の漬け物への思いを心の隅に置いて、本書を読んでいただくことも一興かと思い、ここに紹介しておくことにする。

「山のもの海のもの、どんな御馳走があっても、最後の点睛はおいしい漬物の一皿でなければならない。漬物の味が解らないかぎり、彼は全き日本人ではあり得ないと思う」（『山頭火随筆集』講談社文芸文庫より）

なお、本書は一七年前に平凡社新書で刊行された著作の文庫版である。文庫化にあたっては、いくつかの誤記、誤植を改め、漬け物の生産量や出荷高などを新しいデータに更新したほかは、内容面では大きな加筆や変更は行わなかった。また、日本各地の市町村名は、いわゆる「平成の大合併」ですでに変更されたものが多いが、新しい地名で表記すると、その漬け物特有の地域性と切り離され、かえってわかりにくくなってしまうので、あえて旧地名のままとしてある。

二〇一七年　八月

小泉武夫

目次

漬け物大全

世界の発酵食品探訪記

はじめに

漬け物は加工食品の中では最も古い歴史を持ったものであり、人間のつくったうれしい食の文化のひとつである。地球上の国々には、たいていこの漬け物文化があり、それぞれの民族はそれぞれに親しみや憧れ、時には浪漫まで寄せながら長い歴史の中で育て上げてきた。

野菜の根や茎、葉ばかりでなく、魚介や肉、果実まで漬け物の材料としてきたが、そこには人類の深い知恵が込められてきた。たとえば、漬け物を漬けることにより、香味を豊かにしながら保存性まで高めることができ、また、それを食べることで食欲が昂進するとともに、体にとって大切な有効成分まで摂取することもできるようにした。漬け物の起源が有史以前に遡るとされていることを考えると、人類は漬け物をつくることを通してさまざまなことを学習し、多くの知識を積み重ねてきたといえる。

ところで、今日の日本の漬け物の現状を見ると（食品需給研究センター調査、二〇一三年）、年間約七五万トン生産され、出荷金額でも約三五〇〇億円と巨大である。人びとが漬け物を好む理由はいったい何なのであろうか。その答えは、漬け物はいつの世にも万人にとって常に魅力のある食べ物であって、食べれば食べるほどその香味の虜《とりこ》になってしまうからである。

本書では、漬け物の魅力をさまざまな方向から探ってみようと、まず漬け物の分類や原理などの基礎知識とその歴史から入り、人がこの食べ物と最初に出会ったあたりについて検証する。次いで、何といっても漬け物は地方色豊かな食べ物であるのだから、その魅力の原点を知るためには、実際に足を使って舌と鼻と目で味わってみなくてはならない。そこで日本全国の漬け物を訪ね歩いて、その土地に密着して育ってきた漬け物の香味とはいったいどんなものであったかを、「諸国漬け物風物誌」的に述べることにした。

さらに、多くの人びとに愛されてきたこの魅惑の食べ物が、それぞれの民族とどのように関わり合っているのかを、「漬け物の民族誌」的に述べ、熟鮓《なれずし》という変わった漬け物の世界と、日本の魚介漬け物についても章を立てて述べることにした。

漬け物を愛する人びとへ、漬け物についての知識や情報、そして話題などを送り込む役割を本書が果たしてくれれば幸いである。

序章　漬け物とは何か

漬け物とは何かを『広辞苑』（岩波書店）で引くと（同書の表記では「漬物」）、「野菜などを塩または糠味噌などに漬けて、ならした食品。こうのもの」とある。簡潔明瞭な説明である。

これを、私流に詳しく説明すれば、漬け物とは「野菜、果実、キノコ、海藻類、魚介類、肉類などの材料を塩、醬油、味噌、麴《こうじ》、米糠《こめぬか》、酒粕《さけかす》、酢、もろみ（諸味）、カラシ、みりん（味醂）などの漬け床《どこ》に漬け込み、風味を付加させるとともに、熟成させたり、保存性を持たせたりしたもの」ということになる。

しかし、このようにやや具体的に説明したとしても、漬け物を知るにはその製造の原理や、さらに発酵をともなう漬け物ではそこに活躍する微生物の複雑な作用などを知ることが必要であるから、簡単に理解することはむずかしい。

そこで、一般の読者がわかりやすいように、なるべく専門的説明を避けて、漬け物の概要について述べることにしよう。

1　漬け物を分類する

発酵漬け物と無発酵漬け物

漬け物は種類が多いので便宜上、分類することがある。まず漬け物を漬け床や漬け味液に漬け込むことは誰でも知っていることで、それによって漬け物を分類する場合がある。たとえば「塩漬け」の類には白菜漬けやキャベツの一夜漬け、高菜《たかな》漬け、野沢菜漬け、酸茎《すぐき》、菜の花漬け、梅干し、ラッキョウの塩漬けなどの例がある。

また「糠漬け」といえば沢庵《たくあん》漬けやキュウリ、ニンジン、カブなどの糠漬けがあり、「醬油漬け」にはショウガやキュウリの醬油漬けやシソの実漬けが入る。

さらに「酢漬け」にはラッキョウの酢漬け、ハリハリ漬け、キュウリの酢漬けがあり、また「粕漬け」の類には奈良漬け、ダイコンやキュウリの粕漬け、ワサビ漬けなどが入る。

「味噌漬け」にはナスやキュウリ、ダイコンなどの味噌漬けのほかに印籠《いんろう》漬け、ヤマゴボウの味噌漬けなどが有名で、ほかに「カラシ漬け」にはナスのカラシ漬け、「麴漬け」にはべったら漬けや三五八《さごはち》漬け、「もろみ漬け」にはキュウリのもろみ漬けやたまり漬けなどの例がある。

一方、漬け物は微生物の直接関与によってでき上がった「発酵漬け物」と微生物の作用がない「無発酵漬け物」とに二大分類ができる。前者は白菜や野沢菜、広島菜などの塩漬けや沢庵などの糠漬け、酸茎、高菜漬けのように、主として乳酸菌や酵母によって発酵されるから酸味やうま味が増し、独特の匂いを有する香《かぐわ》しき食べ物となる。一方、後者は漬け込んだ直後から食べるまで、微生物の発酵作用を受けない漬け物で、梅干しやラッキョウの酢漬けなどがある。

梅干しは大量の塩に漬けておいてから、一度、日光にさらしたもので、それをたいていの場合は赤ジソの葉を加えて再度漬け直す漬け物である。塩が多いので塩漬け中は微生物の繁殖はなく（脱水作用を有する大量の塩によって、侵入した微生物は水分を抜き取られてしまい、死滅してしまう）、また赤ジソ葉を加えて漬け直すときにも、その塩の存在と梅そのものから溶出してきた多量のクエン酸（梅の酸味成分）のために、微生物は生育できない（クエン酸は強い殺菌作用も持つ）から、無発酵漬け物ということになる。

ラッキョウの酢漬けは、漬け味液である酢そのものがすでに酢酸菌《さくさん》という微生物によって発酵作用を受けたもので、この酢の主成分である酢酸が大量に存在するとその抗菌性のために微生物は繁殖ができない。したがって、酢の中に漬け物の材料を入れても発酵は起こらないのであるから、やはり無発酵漬け物ということになる。

材料で分けると

さらに漬ける材料によって分けることもある。「葉菜類の漬け物」(たとえば白菜漬けが代表)、「根菜類の漬け物」(たとえばダイコンの糠漬けが代表)、「海藻類の漬け物」(コンブの味噌漬けやメカブの醬油漬けが代表)、「魚介類の漬け物」(タラの粕漬け、タイの味噌漬けなどが代表)、「肉類の漬け物」(牛肉の味噌漬けなどがその代表)といった分類である。

ただし、魚介類や獣畜肉、家禽肉を材料としたものが漬け物に入るのかどうかはさまざまな意見もあろう。それは「漬け物」といえば青菜や根菜を材料としたものを指すのが常識化しているからである。

では歴史的に見ればどうであろうかというと、たとえば漬け物の記述ではもっとも古いものの一つといわれる東大寺正倉院文書の『雑物納帳《ぞうもつのうちょう》』には「菜根」の塩漬けや「薊漬」、「大豆漬」など、やはり植物材料が出てきて、動物は出てこない。

しかし、平安時代の『延喜式《えんぎしき》』を見ると、青菜、セリ、タケノコ、カブ、ショウガといった野菜の漬け物が記述されている箇所のほかに、味噌にカツオや鳥といった野菜以外のものが漬け込まれて、それが嘗《な》めものの状態で売られていたことも記されている。

その後、室町時代、江戸時代、そして近代、現代に至っても魚や肉をこうした漬け床に漬け込んだものを「漬け物である」とか「漬け物ではない」というように正確に区別されることはなかったのである。

そこで本書では、広義には「漬け物」としての材料は野菜のほか鳥、獣、魚介にも及ぶとし、一般的あるいは狭義には野菜類を主とするものとして解釈している。したがって熟鮓《なれずし》という発酵食品も、また沖縄県で特産されるアイゴの稚魚の塩辛「スクガラス」のようなものも広義にとらえて漬け物として登場させたのである。

2　「発酵」と発酵菌

活躍する乳酸菌たち

漬け物を知る上で、発酵という生命現象を理解することは不可欠のことである。発酵とは、目に見ることもできない微細な生き物である微生物が、人類にとって有用な物質をつくったりすること、またそのような営みの現象をいう。

しかし、微生物には、人間のために役立ってやろう、という考えなど毛頭ないわけで、要するに微生物の持っている機能を人間が広く物質生産に応用して、有益なものに利用することが発酵なのである。

微生物には人間に病気を引き起こす病原菌や、せっかくの大切な食べ物を腐敗させてしまう腐敗菌がいて、このような菌は人間にとっては悪玉菌である。一方、チーズをつくる乳酸菌や納豆をつくる納豆菌、酢をつくる酢酸菌、酒類を醸《かも》す酵母などは病原菌でも腐敗菌でもなく、人間のためにきわめて有用な働きをしてくれるので、善玉菌、すなわち発酵菌とされる。

ここでは漬け物の生産に関与する代表的な発酵菌について述べておく。

発酵にかかわる微生物は一般に、カビ類（糸状菌）、細菌類（バクテリア）、酵母類（イースト）の三大微生物であるが、漬け物の生産にはカビ類が直接関与する例はほとんどなく、その大半が細菌類と酵母類である。

これらは肉眼で観察することができないほど微細な生き物で、細菌は平均〇・四～〇・八ミクロン（＝マイクロメートル。一ミクロンは一〇〇〇分の一ミリメートル）、酵母は四～八ミクロンである。これらの生き物を顕微鏡で観察する場合には、細菌は一五〇〇～二〇〇〇倍、酵母は四〇〇～六〇〇倍の倍率で見ることができる。

漬け物に関与するもっとも代表的な細菌は乳酸菌である。何百種という、タイプ（性質や形状）の異なる乳酸菌が自然界にはいて、たとえばその代表であるストレプトコクス・ラクティス（*Streptococcus lactis*）は球形の乳酸菌で、牛乳によく成育して乳酸をつくり、牛乳を凝固させるのでチーズやヨーグルトの製造における種菌

（スターター）に用いられている。ラクトバチルス・ブルガリクス（*Lactobacillus bulgaricus*）は棹状の乳酸菌で、四、五十度（摂氏、以下同様）という高温でも生育し、ヨーロッパのヨーグルトはほとんどこの菌でつくられている。わが国でつくられるヨーグルトや発酵乳酸飲料は主にラクトバチルス・ユグルティ（*L. jugurti*）によっている。

また、ラクトバチルス・アシドフィルス（*L. acidophilus*）は乳児の腸内から分離された乳酸菌で、腸内での繁殖が良好なうえ、他の有害菌の生育を抑える作用があるので、整腸剤として利用されている。ラクトバチルス・プランタルム（*L. plantarum*）は糠味噌漬けの発酵菌で、糠漬けに特有の香味をつける。

ロイコノストック・メセンテロイデス（*Leuconostoc mesenteroides*）は大変おもしろい菌で、庶糖液に培養すると、菌体の周りにデキストランというブドウ糖の重合体をつくる。この物質は人間の血漿に代替できるものであるために代用血漿として発酵生産され、医療に用いられている。ペディオコクス・ハロフィルス（*Pediococcus halophilus*）は一五パーセントを超す食塩環境下でも発酵し、醤油や味噌、漬け物に特有の香味を与える。

塩に耐え、空気を嫌う

とにかく漬け物というのは、食塩や有機酸の防腐作用を利用した保存食品であるから、そこで活躍する微生物は多量の食塩や有機酸に耐えることのできる性質を持つ発酵菌でなければならない。漬け物はそのような性質を有する乳酸菌や酵母の活躍する場であり、そのような状況に対応できない腐敗菌や病原性細菌などの有害菌は繁殖できないのである。

また、発酵漬け物は、漬け床や漬け味液の中で材料が発酵するのであるが、このことは空気と接触の少ない嫌気的環境下を好む微生物のみが活躍できるということである。したがって空気とつねに接触して生きていく好気性の菌（その代表はカビ類）は繁殖できない。

そのような漬け物の特殊な生育環境下で、とくに適応力の強い細菌が乳酸菌というわけなのである。乳酸菌といってもじつにさまざまな種類があり、その中で食塩に耐性が強く、糠床や漬け味液といった特別な栄養環境で旺盛に繁殖し、発酵をおこなう前記のような菌たちが活躍するのである。

もちろん、彼らが繁殖する理由はあくまで自分たちの遺伝子を次の世代に残す子孫継続の営みのためである。その繁殖（発酵）を通して、炭水化物（糖類）や窒素化合物（タンパク質やアミノ酸）、脂質、ビタミン類、ミネラル類を摂取し、その代謝生産物として乳酸を主体とする各種有機酸や香気成分などをつくり出し、それが漬け物特有の香味成分となる。この際に多量に生産する乳酸は、漬け物の水素イオン濃度（pH）を下げ（通常の腐敗菌はpHが低くなると生育できない）、防腐力を高めることになるのである。

では、それらの乳酸菌や酵母はどこからやって来るのかというと、空気中に浮遊しているものや、何度も使っている漬け物の容器内に付着していたもの、白菜やキュウリ、ダイコンといった漬け込む材料や漬け床に付着していたものなどが由来源となっている。最近の工業的規模での漬け物の製造では、有用な乳酸菌や酵母を純粋に培養し、それを種菌（スターター）として添加する方法がおこなわれている。

また、漬け物にとって乳酸菌とともに欠かせない発酵微生物といえば酵母である。酵母にも何百種類もの仲間がいるが、高塩、高酸という漬け物の特殊環境の中で繁殖できるもののみがそこに侵入してきて発酵を起こしてくれるのである。

漬け物に関与する代表的な酵母は、デバリオミセス（*Debaryomyces*）属の酵母や、ハンゼヌラ（*Hansenula*）属の酵母、そして醬油酵母として名高いサッカロミセス・ルキシ（*Saccharomyces rouxii*）などである。

これらの酵母は漬け物の中で繁殖し、アルコール類やエステル類、揮発性硫黄化合物といった香気成分をつくり、漬け物に食欲をそそる独特の風味をつけるのに役立っている。

なお、乳酸菌や酵母類は漬け物を漬けた直後から一定の菌だけが最後までそこを支配するというのではない。たとえば乳酸菌の場合、漬けた直後にはロイコノストック・メセンテロイデスが繁殖して、五日間ぐらい活動を続けるとそのほとんどが繁殖を終え、次にペディオコクス・ハロフィルスが繁殖しはじめる。この菌がさらに一週間ぐらい旺盛に発酵すると、これも衰退し、次にラクトバチルス・プランタルムやラクトバチルス・ブレビス（*L. brevis*）が入ってきて繁殖がはじまるというように、糠漬けや白菜の塩漬けのような漬け物の場においては、絶えずさまざまな発酵微生物の消長がくり返されているのだ。なお、発酵全般ならびに発酵微生物についてさらに詳しく知りたい読者には、拙著『発酵』（中公新書）を紹介しておく。

3　漬け物の原理

「漬かる」とはどういうことか

漬け物が「漬かる」ということは、漬ける材料が漬け床や漬け味液の中で物理化学的、生化学的、微生物学的な作用によって適当な風味に漬け上がることである。

まず、物理化学的作用について述べよう。

漬け物にはたいがいの場合、食塩を使うのであるが、食塩は水に溶けて食塩水になると、きわめて浸透圧が高くなり、たとえば一パーセントの食塩水（一リットル中に一〇グラムの食塩が溶けている水溶液）は約七・六気圧の浸透圧である（これは同じ濃度の砂糖水の約一〇倍、ブドウ糖の約五倍）。これに対し一般の野菜の細胞液の浸透圧はだいたい五、六気圧であるので一パーセント食塩水より低い。したがって二パーセントほどの食塩水溶液を使うと、野菜の細胞液の浸透圧よりはるかに高くなるから、細胞液からの脱水が起こると同時に、塩分の細胞内への浸透がおこなわれることになる。

食塩濃度が高くなるとさらにこの浸透作用が起こって、植物の細胞組織は原形質が分離し、細胞が死滅する。こうなると細胞を取り囲んでいた繊維組織もたるむようになるから、野菜は柔軟になって、昔から俗にいう「塩ごろし」がおこなわれたことになる。パリパリのキュウリを塩水に漬けておくとグンニャリするのがその例である。

こうして塩ごろしがおこなわれると、次には野菜の生活活動（呼吸作用など）が停止するから、細胞中の含有成分は消耗せず、漬け物の風味の根源となる諸成分は保存されることになる。また、細胞が死滅しても野菜自体の酵素（うま味をつくったりするタンパク質の一種）は残るため、その働きによって自己消化現象（自分の持っている酵素で自分の生体成分を分解する）が起こり、風味が醸成される。一夜漬けや浅漬けでも一夜にして美味しくなるのはそのためである。しかし、浅漬けのような低い食塩分では保存効果が小さいので、早く食べないとそのうちに腐敗菌が来て漬け物は失敗ということになる。

普通の漬け物は食塩量は一〇パーセント以上であるから、腐敗菌による汚染もなく、さらに上述したように漬け物の原理の一つである浸透圧のために、すばらしい漬け物が得られるのである。また、漬け物の材料は、塩分のために細胞から脱水された後、そこに漬け床や漬け味液のうま味成分も当然浸透していくことになる。

酵素のはたらきとは

次に生化学的視野から見てみると、野菜の持つ酵素の作用がある。野菜の細胞内にはさまざまな酵素が含まれていて、たとえばリンゴをかじって放置しておくと、そのかじり口が赤褐色に変色することがある。これはリンゴの細胞内に存在する酸化酵素の作用により、リンゴが酸化されて変色するのである。

漬け物の材料の場合、細胞が食塩のために死滅すると、酵素群の働きが活発となって、たとえばその中のプロテアーゼ（タンパク質分解酵素）は野菜内のタンパク質を分解してうま味の主成分であるアミノ酸に代える。その上、この自己消化を起こす酵素群は野菜や根茎の生臭みやエグ味まで分解してくれるので、漬け物がいっそう美味しくなる。

発酵漬け物は微生物学的作用がないとつくることはできない。たとえば、生のダイコンと糠味噌に漬けてでき上がった沢庵を比べてみるといい。沢庵には生ダイコンにはなかった香りやうま味が強くあるのは、まさに微生物の発酵作用があったからである。乳酸菌は酸味やうま味を主として生産し、酵母は漬け物特有の香しい匂いをつくる。

生の白菜などは味はそうあるものではなく、その上、生臭みが強いのでそのままでは食べられないが、それを塩漬けにして発酵させた白菜漬けは、もう生臭みなどみじんもなく、非常に美味しく食べられる。漬け物が風味よく漬け上がるには、以上のようなかなり複雑な原理がいくつか重なり合って働く必要があるのである。

4　漬け物の栄養と保健的機能性

ビタミンと食物繊維の宝庫

野菜には肉や魚にはない食物繊維（ダイエタリー・ファイバー）やビタミンなど、重要な成分が多く含まれている。その野菜を食べるには、煮る、焼く、炒める、蒸すなどのほかにサラダとして生で食べることもある。しかし料理としておかずにするには加熱が主になってくる。ところが加熱するとビタミン類の破壊が起こる上に、野菜特有の風味を損なうことになる。また、生で食べるとなると、マヨネーズやサラダドレッシング、さまざまなソース類を使ったとしても、そう多くは食べられない。

ところが、それを一晩か二晩かけて、漬け物にしてみたらどうなるだろうか。いくら強いアクのある野菜でもたちまちのうちにアクは抜け、またビタミンを失うこともないばかりか、発酵菌が漬け物に多種多様なビタミンを蓄積させるので、漬け物は「ビタミンの宝庫」といわれるような理想の食べ物となるのである（表1）。

次に漬け物に含まれる成分の中でもっとも大量に存在し、摂取した人の体内で重要な役割を担ってくれるのが繊維成分である。

日本人の食事を戦前と戦後とで比較してみて、もっとも大きな違いが見られるのは食物繊維の摂取量である。ゼンマイ、ワラビ、ツクシ、タケノコ、レンコン、ヘチマ、モヤシ、フキ、コンニャク、ゴボウなど、食物繊維をたくさん含んだ山菜・野菜は日本人の重要な食材として昔から多量に食べられてきたのであるが、戦後、日本人の生活様式が少しずつ変わっていくにつれて、食物繊維の摂取量もどんどん少なくなってきた。そして今では、戦前に比べて約二分の一の量しか食べなくなってしまったということである。

昔の日本の平均的食卓といえば毎日毎日、ご飯に菜っ葉の味噌汁、イワシの丸干

表1　漬け物のビタミンAとC

種　類		A（カロチン）μg	C　mg
ダイコンの葉	生	2600	70
	糠味噌漬け	1500	30
白　菜	生	13	22
	塩漬け	17	29
高　菜	生	1000	65
	漬け物	1300	75
野沢菜	生	1400	50
	塩漬け	2100	60
広島菜	生	1400	32
	塩漬け	2200	34
カブの葉	生	1800	75
	塩漬け	1300	47
キュウリ	生	150	13
	塩漬け	180	11

（『四訂・日本食品標準成分表』による）

し、それに必ずキンピラゴボウやレンコンの煮つけ、そして漬け物がついたものであった。これだけでもかなりの繊維が摂れたものであったが、今では昔の話となり、根菜の煮物、菜っ葉の味噌汁などは、そう毎日口にすることはないであろう。

体の中に入った繊維素は、水を吸収してふくらみ、腸管を通過する際に腸内を清掃し、お通じがよくなることは、昔からいわれているところである。そのうえ、繊維素は体にとって、有益な腸内細菌を多く増殖させる場ともなる。

さらに繊維素は胆汁酸の分泌を多くして、脂肪の分解やコレステロールの過剰な合成を抑えるのに効果があるとされ、体にとって大変に役立つものであることがわかってきた。

漬け物は、漬け込む野菜や根茎などがまず塩で脱水されるから、野菜の成分はかなり濃縮される。したがって、野菜を生で食べるときに比べ、漬け物では同じ量でも約四倍の繊維を摂取したことになる。

とにかく、現代人のこの食物繊維の不足は、糖尿病、心臓病、ガン、肥満、高血圧、慢性便秘、胃腸病などのいわゆる「文明病」の多発へとつながったといわれている。そういう意味で、これらの病気への予防効果があるとされる漬け物をたくさん食べて食物繊維を十分に摂るようにしたいものである。

漬け物はミネラルも豊富

一方、漬け物の成分特性として多量のミネラル（無機質）の存在が挙げられる。中でもカルシウムはきわめて豊富で、表に示したようにほとんどの漬け物の中に高い含有量で含まれている（表2）。

カルシウムは人間の体重の約二パーセント（平均的日本人にはだいたい一キログラ

ム）も占めていて、食事を通してカルシウムが不足すると骨格のカルシウムが溶出して利用されることになり、骨粗鬆症《こつそしよう》やもろい骨格の形成につながるとされている。そのほか、カルシウムは血液、神経、筋肉、ほとんどの臓器中にもカルシウムイオンの形で存在し、生体の維持に重大な働きをしている。カルシウムの一日の必要量は年齢・性別によって三五〇〜八五〇ミリグラムとされているから、通常の食べ物でカルシウムを摂取し、その不足分を漬け物で摂ることは大変けっこうなことである。

漬け物にはカルシウムのほかにカリウム、亜鉛、鉄、マグネシウムなどの重要なミネラルも豊富に存在していて、それらのミネラルは生体維持の上で不可欠の役割を担

表2　漬け物のカルシウム

品名	カルシウム (mg)
生カブ（葉）	230
カブ糠漬け（葉）	240
〃　（根）	65
生キュウリ	24
キュウリ糠漬け	29
生ナス	16
ナス糠漬け	20
生白菜	35
白菜塩漬け	50
生ダイコン	30
沢庵漬け	55
べったら漬け	28
酸茎漬け	120
野沢菜漬け	110
広島菜漬け	140
ナスのカラシ漬け	85
奈良漬け	15
福神漬け	45
ラッキョウ甘酢漬け	16
梅漬け	47
生ニンニク	15

可食部100ｇあたり
（漫画社『漬け物の科学と健康』より）

っている。中でも最近、とくに注目されているのが亜鉛である。亜鉛は生体内にあって重大な働きをする成分であるが、この微量成分が今日、多くの日本人に不足しているとの報告がある。

また別の調査によると、昔の日本の肥沃な畑の土壌にはこの重要なミネラルが安定的に存在したのであるが、今日では深刻なほどの欠乏状態にあるという。昔は「堆《たい》肥《ひ》」という、生ごみや稲わら、糞尿などの有機物を発酵してつくった肥料を用いていたため土はミネラルが豊かとなり、すばらしい野菜ができた。

ところが近年、堆肥に代わって窒素、燐酸、カリウム、カルシウムなどを中心とした化学肥料が中心となると、それまで堆肥から供給されてきた微量有効ミネラル（マグネシウム、亜鉛、銅など）は激減することになり、今日の野菜を分析すると、それらの成分は昔に比べてほんのわずかしか含まれていないのだという。すなわち「漬け物も土づくりから」ということになるのであろう。

このほか漬け物の効用についてはさまざまな報告がなされており、さらにこのあたりを詳しく知りたい読者には、それらをわかりやすくまとめて解説している好著として『漬け物の科学と健康』（漫画社）を紹介しておく。

一方、糠味噌漬けや白菜の塩漬け、キムチなど、発酵をきっちりと施した漬け物を食べると、その漬け物の中に生息していた発酵菌を体内に持ち込むことができる。その中でも、とりわけ乳酸菌は漬け物の摂取とともに体内に入り、強酸環境にある胃をくぐり抜けて大腸に達し、そこに棲みつく。そして、そこを生活の場として、さまざまなビタミンを生合成して分泌してくれるので、人はそれを腸から吸収して利用できるのである。そのうえ、それらの乳酸菌は、別の食べ物とともに混入してきた食中毒菌や腐敗菌、異常発酵菌などを攻撃排除してしまうのだからすばらしい。ちょうどヨーグルトや乳酸菌の生菌入り発酵乳飲料を摂取した場合の作用と同じなのである。

漬け物はこのように、さまざまな保健的機能性を持ったすばらしい自然食品であり、健康維持がいっそう叫ばれる今日、もっとも注目されるべき食べ物なのである。昔ながらの「おふくろの味」には食物繊維がいっぱい含まれていること、「肌のきれいな健康人」の多くが一定量の漬け物を毎日食べている事実などを、私たち日本人は今こそ見直してみる必要があるのだ。

なお漬け物を含めて発酵食品の保健的機能性を知りたい読者には拙著『発酵食品礼讃』（文春新書）を紹介しておく。

第一章　漬け物の歴史

1　日本の漬け物の歴史

誕生は塩と魚がヒント？

漬け物の歴史は非常に古い。それは、塩と漬ける材料があればできるからで、おそらく有史以前からその原型はあったに違いない。とくに日本のように、四方が海に囲まれた国では、塩と食生活は一体の関係にあったわけだから、漬け物またはその原型のようなものは有史以前に生まれていたと考えてさしつかえないだろう。

漬け物の誕生は、食べ物の保存の発見または発明と深い関係があった。たとえば、獲った魚がかなり残ったとする。そのまま置いておくと食べられなくなってしまう（腐る）ことは経験的に知っていた。匂いを嗅ぐと悪臭がし、食べた者は食中毒を起こして嘔吐や下痢の症状となり、ひどい場合には死んでしまった。だから、そのような危険なものは避けた。

ところが、食べ残しの魚をその辺に放っておいたら、暑い太陽の光の下で乾燥して干からびた。それを食べてみても何ともないばかりか、逆に味が濃縮されてうまかった。それ以後は、この体験と観察を生かして意識的に魚を干からびさせて（保存性のある）食べ物をつくった。これが保存することのはじまりである。

さらに、太古の人びとが塩も食べ物の保存に効くことを観察によって知ったことは容易に考えられる。海岸に魚が打ち上げられ、それが太陽の光に照らされて生干し状態になる。ところがそれは、かなり長い間、置かれていたにもかかわらず（腐らずに）食べられる。それを体験した後は、意識的に海水に魚を浸してから太陽にさらして食べはじめたのである。こうすることにより、魚には塩味までつき、いっそう美味になった。

海水からの塩の発明もおそらく最初は観察によったのだろう。岩塩のある国では別にその必要はないが、海水から塩を取り出すのは発明による以外にない。海水がついたままの魚介をそのまま焚き火の中に入れて焼いたら、魚や貝の表面に白い粉のような粒々（結晶）が出てくる。これを手でつまみとって口に入れてみるとしょっぱさが激しくなる。とくに貝類の表面や内側に著しくその白い粒々が見られるので、次には海の水をその貝殻に入れて焼いてみると、今度はもっと多くの白いものが得られた。そうすると、人びとは意識的に白いもの（塩）をつくるようになり、塩の発明となったのだろう。海藻を焼くとさらにいっぱいの白いものが灰の中に集まってくることも体験し、おそらく、こうして塩を身近なものにしていったのではないだろうか。

塩を手に入れた後は

とにかく白いもの（塩）を手に入れ、焼いた雑穀（アワ、ヒエなど）や堅果（ドングリやクリ、トチノミなど）、シカやイノシシ、ウサギ、鳥の肉、魚などにふりかけて食べると、まことにもってうまい。こうして塩を原始的な方法であれ、どんどんつくって貯めておいたのだろう。

塩が手に入ると、それまでの体験から食べ物に塩をなすりつけておくこともおこなったであろうし、原始的な容器（大きな貝殻や木を削ってくぼませたもの、土器など）に食べ物と塩とをいっしょに入れて放置したこともあるだろう。すると塩は、序章「漬け物の原理」で述べたとおり、材料から水を引き出す。

たとえば魚と塩をいっしょに器の中に入れておき、上から重石《おもし》のようなもので圧力をかけると、魚から出てきた水で魚はビショビショの液体に浸ってしまう。大昔は重石など考えずに最初は器の中に入れた魚と塩の上に何かを偶然にのせておいたのかもしれない。出てきたビショビショの液体をなめてみると塩辛さの中に独特のうま味がある。当時の人がこれを捨てるわけはなく、そのまま利用したものが「魚醬の原型」であり、また魚のほうは次第に発酵して保存性を増したので、こちらは「漬け物の原型」にあたるのだ。

当時の人たちは魚ばかり食べていたのではなく、さまざまな山菜も食べていたから、魚の塩漬け同様に、採集してきた根や茎や葉、たとえばイタドリやスカンポ（スイバ）、アザミの根（ヤマゴボウ）、タンポポ、ナズナ、フキ、ワラビ、ゼンマイ、シメジやクリタケなどのキノコ類などを魚と同じく塩漬けしたであろう。ここで完全なる今日の漬け物ができ上がるのである。

ただし、それがいつからつくられるようになったのかについて知ることはできない。木や草の茎、葉、根などは、土の中に埋まってしまえば早いもので数年間で土になってしまい（たとえば山の落ち葉を考えてみるといい。去年の枯れ葉は地面の表面にあるが、その下を掘ってみると、すでに前の年の枯れ葉はボロボロになっていて、さらにその前の年の枯れ葉はもう黒い土になりかかっている）、たとえ当時漬け物がつくられていたとしてもその証拠が残らないから、いつ頃のことであるか特定できないのである。

しかし、今も述べたように塩があり、漬ける材料があり、器があれば、漬け物は知恵の集積や観察力によりでき得るのである。いろいろな本には「(日本の）最初の漬け物は照葉樹林文化とともに大陸から伝わってきたのである」などといった、他民族からの伝播説を掲げているものも多いが、日本列島の地理的条件や気候風土から考えると、必ずしも海を渡って伝播してこなくとも、漬け物はこの国で独自に発生したと考えてよいであろう。

日本最初の文献記録

日本の漬け物が記録上最初に現れたのは天平年間（七二九〜七四九）の木簡で、そこにはウリや青菜などの塩漬けのことが記載されている。しかし、漬け物の原型またはそれに近いもの、たとえば鮓（魚や肉の漬け物。後述する）や豉（大豆の塩漬け。後述する）となると、それはもっと古い。

その後、奈良時代を終えて平安時代になると漬け物の記述が文献に頻繁に登場してくることになる。平安前期の禁中の年中行事や制度などのことを記した『延喜式《えんぎしき》』（九〇五〜九二七）には醬漬《ひしおづけ》、未醬漬《みしょうづけ》、糟漬《かすづけ》、酢漬《すづけ》、酢糟漬《すかすづけ》、甘漬《あまづけ》、葅《にらぎ》、須須保利《すすほり》、荏裹《えづつみ》などの漬け物が紹介されている。

醬漬や未醬漬は、今の醬油もろみ（発酵中または発酵を終えた、しぼってない醬油）や、柔らかい味噌のようなものを漬け床《どこ》にした漬け物、糟漬は酒粕に漬けたもの、酢に漬けたのが酢漬、酢と酒粕を合わせたものを漬け床としたのが酢糟漬である。また、甘漬はたぶん米麴に漬けた今のべったら漬けのようなものか、または甘酒（米麴に湯を加え糖化した甘味な液）に漬けたもの、須須保利は大豆に塩を加えたものや蒸した米に塩を加えたものに青菜やカブを漬けたもの、荏裏はエゴマの葉でナス、カブ、ショウガ、ウリ、トウガンなどを包み（「裏」は葉で包むの意）、醤や未醤、塩などに漬けたものである。

さらに菹であるが、これは野菜の塩漬けのときにニレ（楡。ハルニレやアキニレ、オヒョウなどのニレ科の落葉喬木の総称で、一般的にはハルニレをさす）の樹皮を刻んで粉にしたものを入れた漬け物である。『延喜式』によると、その菹に漬け込まれた野菜はカブ、青菜、ナス、ショウガ、ウリ、トウガン、セリ、ニラ、タデ、タケノコなどで、当時はだいたい、このようなものが漬け物の材料であった。

また、この菹は野菜類だけを漬け込んだのではなく、『万葉集巻十六』に乞食者が、ニレの粉と塩を塗られて干物にされたカニのためにその痛みを述べたという長歌があることから、カニを材料にした菹もあったということである。ただ、この菹という漬け物をよく考えてみると、単に材料を漬け床に漬け込むというだけではなく、ニレの樹皮を砕いてから粉末にして加えるという高度な知恵が見られる。ニレの樹皮には利尿や祛痰《きょたん》（気管や気管支にたまっている喀痰《かくたん》を除去する）といった薬効があって、昔から重要な薬剤の一つとされてきたが、すでに当時、薬効を兼ね備えた漬け物が意識的につくられ、食べられていたという点で、大いに注目されるべきことである。

「香の物」という言葉

中世に入ると、漬け物の形はだいたい決まってきて、あとは漬ける材料が多様化してくる。たとえば南北朝頃は山城鞍馬名物「木芽漬《きのめづけ》」や醍醐の「烏頭布漬《うどめづけ》」など珍しい漬け物も登場してきたりする。前者はアケビ、スイカズラ、マタタビなどの新芽を細かく切って塩漬けにしたもの、後者は何種類かの植物の新芽を塩漬けしたものである。

漬け物のことを「香《こう》の物《もの》」というが、この言葉は室町期からである。「香の物」のほかに、「香々《こうこう》」「新香《しんこう》」というように「香」という字が漬け物に使われたのは、当時は匂いの高いものを「香物《こうもの》」と呼んだことに由来する。ダイコンやウリなどを塩や味噌や酒粕の中に漬けて（それが発酵して）香りが高くなり、そしてうまくなった蔬菜《そさい》を「香の物」といった。

また、足利八代将軍義政の治世、いわゆる東山時代に茶の湯や香道が流行し、そのときに茶の湯の際の口直しや香道のときの鼻の疲れをいやすのに香りの高い味噌漬けを使ったので「香の物」（当時、味噌漬けにした漬け物だけを「香の物」と呼んだ）というようになったという。

『南嶺遺稿《なんれいいこう》』には「古来の香の物は大根に限る。大根にて口中の臭気を消《ケス》。臭《クサミ》を取る

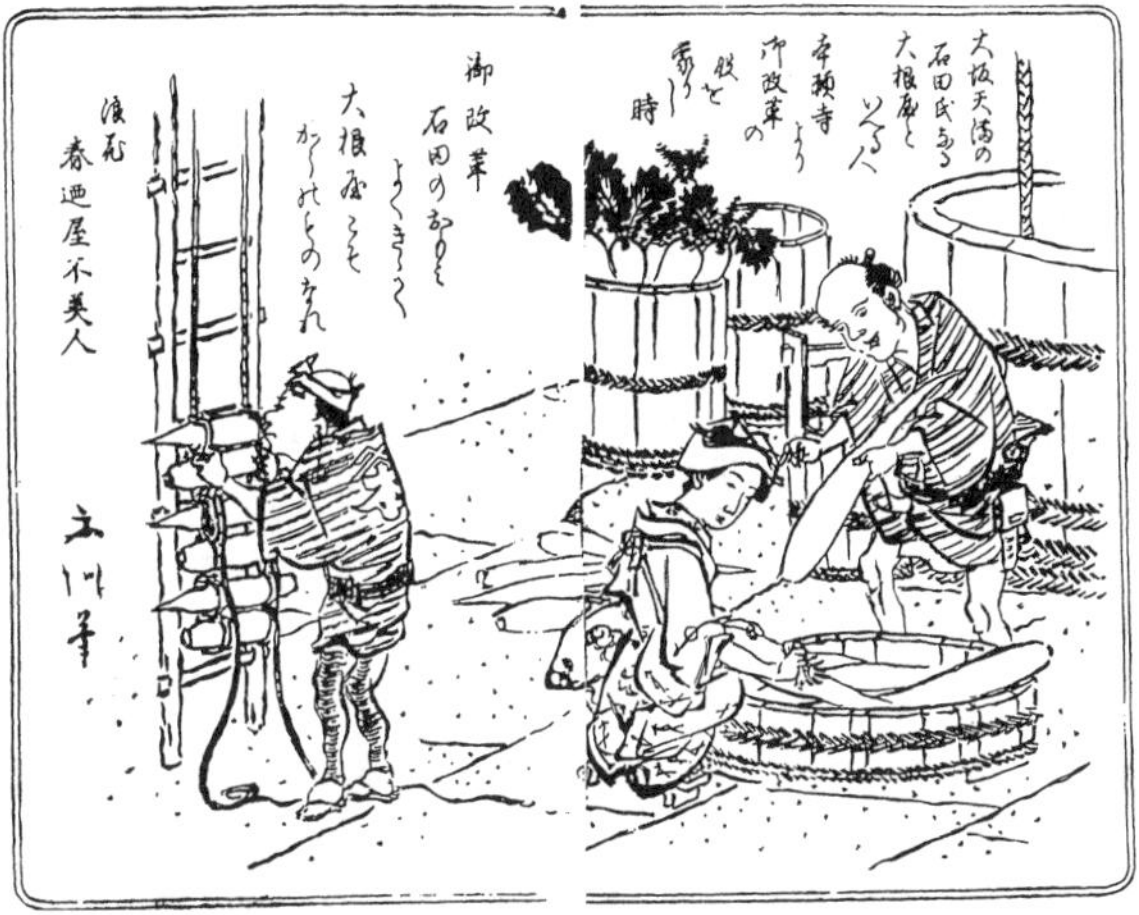

『四季漬物塩嘉言』にある大坂天満大根を漬ける図

故香の物と云《イフ》」とあり、また『四方《よも》の硯《すずり》』には「野菜を塩に浸し、日を経たるを香のものといふ。大根、茄子などの塩に浸したるをかぎて香をきけば、鼻あらたまりて品をわかつことはじめの如し……ゆえに、香の物の名ありといふ」とある。

　室町時代に漬け物はいっそうの発展を見、さらに江戸時代になると、家庭の漬け物は糠漬けの出現によって事情が一変する。それまでの漬け物は、粕や味噌に漬けていたので、漬け床はそのまま漬けた野菜などといっしょに食べたが、糠と塩を合わせてつくる糠漬けは、漬けた野菜などだけを食べることになり、糠の漬け床はそのままさらに材料を漬け込むことができ、連続して使えた。その便利な漬け床がつくられはじめたのは元禄年間（一六八八～一七〇四）からだといわれているが、広く一般家庭まで広がったのはそれからすぐのことである。

そして天保七年（一八三六）に有名な『四季漬物塩嘉言《しきつけものしおかげん》』が刊行された。江戸の漬け物問屋小田原屋主人が著したもので、漬け物の総合専門書である。沢庵漬《たくあんづけ》、三年沢庵、百一漬、刻漬《きざみづけ》、大坂切漬、浅漬、大坂浅漬、菜漬、京糸菜漬、糠味噌漬、奈良漬瓜、生姜《しょうが》味噌漬、日光漬、梅干漬、千枚漬、印籠《いんろう》漬、渦巻漬など六四品のつくり方が詳しく記述されており、現在でもそのまま利用できるものが少なくない。

漬け物屋の誕生と発展

日本における漬け物屋がいつ誕生したのかについては定かではないが、室町時代後期から江戸初期にかけてはすでに業を営んでいたらしく、京都や大坂ではそれを「香の物屋」と呼んでいた。

しかし、この「香の物屋」は店構えをしていた形での漬け物屋であって、店を構えず、路上で漬け物が売り買いされたとなるともっと古い時代の記録がある。それは南北朝時代から室町初期にかけて書かれた『庭訓往来《ていきんおうらい》』（作者は玄慧という人といわれる）で、そこには諸国の名産が列記されていて、その中に漬け物がいくつか登場しているから、漬け物はすでに市《いち》で盛んに取り引きされていたと考えられる。

さらに平安期の『延喜式』にも、京の市でさまざまな調味物（醬の類や味噌の類）が売られていたとの記述があり、そこに漬け物または香の物とは記載のないものの、その調味物に漬けたものはたぶん、売りものになっていたと考えられる。

また、平安前期の『和名抄』（『倭名類聚鈔《わみょうるいじゅうしょう》』）には魚の乾燥加工品「楚割《すわやり》」（「魚条」）などとともに魚の塩加工品が出てくるので、この時点で塩に漬けた魚介類があったことが推測できるのである。

江戸中期には、江戸大伝馬町では一〇月一九日（夷講《えびすこう》の前夜）に漬け物市が開かれ、そこではダイコンのべったら漬けが売られ、以後、今日までそれが続き、今では「べったら市」と呼ばれて風物詩の一つともなっている。

その江戸時代に「藪に香の物」という伝説が広まった例も、漬け物が庶民のものであったことを語っていよう。この話の起こりは『世界大百科事典』（平凡社）によると、古くからの歌枕である尾張の阿波手《あわで》の森（愛知県海部《あま》郡甚目寺《じもくじ》町）の藪の中に大きなかめが埋まっており、ここを往来する商人たちは熱田神宮への供物としてウリやナス、あるいは塩をそのかめに投ずる習いがあった。ウリ、ナスを商う者が供物をせずにそこを通ろうとすると、荷が重くなって動けなくなったという。こうして、かめの中ではつねに塩加減のよい漬け物ができ、これを二月の初午《はつうま》に熱田神宮の神膳に供えたといういわれからきたのだという。

そして、この地は香の物の起源地とされるようにもなった。現にここにある萱津《かやつ》神社は漬け物の神祖とされている。

おもしろいことに『十訓抄《じっきんしょう》』(六波羅二﨟左衛門入道の撰述といわれる。一二五二年成立)には、「やぶにかうのもの」は「藪に功の者」のことで、思いも寄らぬところに思いもかけぬ人物がいるものだ、という意味である、と記述されている。とすると、「藪に香の物」は誤読によって生まれ、それをうまく漬け物業者の発展につなげた、したたかな策略だったのかもしれない。

こうして江戸時代初期には漬け物のつくり方や商売の基礎ができ上がった。それが以後の江戸期の漬け物の発展につながり、明治時代には全国に有名な漬け物が名物化して定着し、今日のような発展をみたのである。そして最近では糠漬け約五万トン、醬油漬け三五万トン、新漬け(浅漬け)約一〇万トン、キムチ一八〜二〇万トン、酢漬け約一万二〇〇〇トン、塩漬け約七万トン、梅干し二・七万トン、粕漬け二万五〇〇〇トン、福神漬け六万トン、味噌漬け約七万トンといった具合に、漬け物の総生産量は約七五万トン、出荷金額は約三五〇〇億円にも達し、漬け物は大きな市場を形づくっているのである。

2　中国の漬け物の歴史

鹹菜と醃菜、醤の意味

中国において、漬け物の製法を記した最初の文献は、北魏の山東高陽郡の太守であった賈《か》思勰《しきょう》の『斉民要術《せいみんようじゅつ》』であるといわれる。そこには塩漬け、醤油漬け、味噌漬け、酢漬け、粕漬け、麴漬けなどが書かれている。これらを見ると、今日の日本の漬け物のルーツといえるものばかりである。

中国では漬け物のことを醃菜《イエンツァイ》という。また塩漬けのことを鹹菜《シエンツァイ》と呼ぶが、漬け物全体のことを鹹菜ということもある。『斉民要術』が書かれたのが西暦五三〇～五五〇年の間と推測されているから、今から一五〇〇年ほど前である。しかし、これが中国の漬け物の最初と考えることは危険であろう。

というのは、それ以前の文献にも、漬け物がつくられていたであろうことが推測できる文面が多いからである。そこには、醃菜とか鹹菜といった具体的に漬け物を指す語が見あたらないだけのことで、漬け物をつくるのに必要な漬け床としての塩や醤、酢、粕などはすでに存在していたのであるから、食の歴史の古い中国でそれらの漬け床に根菜を漬け込まぬはずはないと思われる。

したがって以下に、中国における漬け床の歴史も合わせて述べておくことにする。

まず「醬《ジァン》」のことである。日本でいう醬油や味噌のようなもので、原料の穀物に塩を加え、発酵させた調味料のことである。その歴史は古く、穀物を原料にした醬においても多岐にわたっていた。

「大醬《ダージァン》」（「黄醬《ファンジァン》」）には「豆醬《ドウジァン》」があり、これは大豆を原料とした固形発酵調味料のことで、日本でいう味噌のことである。また「麺醬《ミエンジァン》」は麦味噌、「甜麺醬《ティエンミエンジァン》」は小麦を原料にした甘味噌と考えてよい。そして、大豆を原料とし、発酵してからしぼって液状調味料としたのが「醬油《ジァンヨウ》」（「清醬《チンジァン》」）である。醬油の「油」は「あぶら」のことではなく、「とろとろしたもの」の意味である。

この穀物を原料とした醬が記録に出てくるのは一世紀（約二〇〇〇年前）に書かれた『論衡《ろんこう》』（後漢の王充《おうじゅう》の著。全三〇巻。紀元九〇年ごろ成立）である。このとき、すでに穀醬に根菜を漬け込んだ漬け物は存在していたと考えてよろしかろう。というのは、中国では当時、醬のつくり方や使用法は相当確立されていて、その種類もまことに多かったため、そこに根菜や肉、魚などを漬け込まぬはずはなかったからである。

「肉醬《ロウジァン》」はシカやクマ、ブタ、ウシ、カモなどの肉を塩で漬け込んだいわゆる肉の塩辛であった。また「魚醬《ユイジァン》」は魚の塩辛、「蝦醬《シアジァン》」はエビの塩辛である。

さらに「醤」には「豉《チー》」というものもあり、これは煮た大豆にカビを生やし、それを塩水の中に入れて主として乳酸菌で発酵させたもので、日本でいう塩辛納豆または浜納豆、金山寺納豆と呼ぶものである。

一方、漬け物を漬ける床となるものではほかに「糟《ザオ》」があった。これは日本でいう酒粕のことで、「香醤《シアンジアン》」「紹糟《シャオザオ》」「酒糟《ジウザオ》」などの種類があった。

中国の酒の歴史は非常に古く、有史以前から漢民族によってつくられていたはずだから、その糟に根菜などの野菜や魚、肉などを漬け込んで漬け物としていたと考えれば、中国の漬け物の歴史は一挙に有史以前まで遡ってしまうことになる。

「酢」（古く中国では「醋」とも書いた）は、酒に酢酸菌《さくさん》が繁殖してできるものであるので、酒の歴史が古い国は酢もまた古い伝統を持つことになる。したがって中国においては酢漬けも、そうとう古い時代からつくられてきたものと私は考えている。

とにかく、中国の醤や醋の歴史は非常に古い。中でも動物性の原料を用いた「肉醤」の類は「穀醤」に比べて圧倒的に古く、中国の調味料の中ではもっとも歴史の古いものである。

今から三〇〇〇年ほど前に出された『周礼《しゅらい》』に「醢」という字が出てくるが、この「醢」の説明には「肉醤」「魚醤」「二枚貝」「マテ貝」などを塩で漬け込んだ塩辛のようなものが記されている。中には「蚳醢」というのもあって、これはアリの卵の醤であったし、また「三臡」というのもあった。「臡」とは骨つき肉のことで、シカ科の三種の動物の骨つき肉の称であった。

これらを見る限り、すでに当時唯一の調味料であり、漬け物の原点である醬は、広い範囲の動物を原料にしていたことがわかり、その奥の深さを思い知らされる。

肉醬、魚醬が先行

前にも少し触れたが、穀物を原料としたいわゆる穀醬を記録しているのは、肉醬から約一〇〇〇年以上も遅れて、紀元一世紀頃に書かれた『論衡』や『斉民要術』である。

このように肉醬、魚醬が先行したのは、動物性の原料を保存するには塩に漬け込みさえすればよかったためで、これに対し穀物のような植物性のものは、原料を加熱したり麴などの発酵助材を必要としたからであろう。獣や魚の肉を塩に漬け込めば、それは塩辛となり、一部が上澄みの液体となったり滴《したた》り出たりしたものは、そのまま今の醬油状態のものである。それを集めて、そこに肉や魚や根菜を漬ければ、それはもう立派な漬け物といえるから、「漬け物」というものは、肉醬が記録された今から三〇〇〇年前にはすでにあったと考えてもよさそうな気がする。

さらに周代から漢の時代にかけて書かれた『爾雅《じが》』には、「鮓」というのが魚の塩蔵品、「鮨」というのが魚の塩辛、「醢」が肉の塩辛などとある。いずれにしても中国では、この頃からすでに魚や肉の漬け物的なものはあったと考えてよいだろう。

なお、参考のために述べておくと、古くから中国では鳥獣肉や魚介類を塩蔵して発酵させた塩辛の類や、大豆でつくった味噌類を総称して「醤」と呼んできたが、今日の中国では、この「醤」については狭義と広義の二つの用法が使われている。狭義では大豆、麦、米などを麯《チュ》（日本でいう麹のこと）と塩とともに仕込んで発酵させたもので、日本でいえば味噌と醤油の中間のようなものを指す。

この醤をしぼって液体としたのが「醤油《ジアンヨウ》」で日本の醤油にあたる。広義では、この醤油（穀類原料の醤）を含めて茄醤《チエジアン》がトマトソース、芝蔴醤《ヂーマージアン》はゴマの醤、豉《チー》椒醤《ジャオジアン》はトウガラシ味噌、魚醤は小魚の醤、蝦醤は小エビの醤というように、今日では多くの調味料を表すようになった。

中国の漬け物はこのような魚醤からはじまったと考えられる

酢と漬け物の関係

次に「醋」または「酢」のことである。「醋」は「酸っぱい味の液体」すなわち今の「酢」である。漢字辞典を見ながら私なりに解釈すると、「醋」のほうは酸っぱい液（すなわち酢）を長く寝かせて熟成させたもの、「酢」のほうはそれより短く熟成させたもの、のようである。

また「醋」や「酢」よりも古い時代には「醯」という字も使われてきた。この「醯」というのは「酸っぱい酒」という意味で、周、漢の時代以後はほとんど使われなくなった。六世紀の『斉民要術』では「酢」が用いられ、それが日本へも伝わってきたが、今の中国ではその「酢」でなく昔のままの「醋」のほうを使っている。ここでは日本人が通常に使っている「酢」で統一して述べることにする。

酢は漬け物の発生と密接な関係にあった。酢は非常に酸っぱいものであるため、この液体は腐敗しにくく、したがってその中に魚や根菜を漬け込んでおけば保存できる。

その酢は酒からできる。酒にはエチルアルコールがあり、それが大好きな酢酸菌はエチルアルコールを酸化して酢酸をつくるのである。であるから、昔、中国では、「苦酒」と書いても「酢」を表したが、今はほとんど使われていない。このように酒と酢は表裏一体といった、きわめて近い関係にあって、たとえ人間が意識的に酒から酢を発明しなくとも、酒を放置しておけば（そこに空気中などに浮遊生息している酢酸菌が侵入してきて）、酢はでき上がってくるのである。

　中国の酒の発生は大変に古く、古代エジプトやメソポタミアに文明が開花していた時代、すでに中国の農業はかなり発達した段階にあり、穀類を使った酒の醸造法を発明していた。紀元前二二世紀以前の竜山文化（中国新石器時代における二大文化のうち、新しいほうのもの）の遺跡から、尊《そん》（酒つぼ）、斝《か》や盉《か》（酒を入れる器）、高脚盃、小壺などの陶器がたくさん出土しており、これらは酒の仕込みや飲酒に用いられ

中国のトウガラシの熟鮓は実に古いタイプの漬け物だとされる。このように発酵したトウガラシは熟れた辛さと発酵香を持つため、料理に使うと抜群に風味がよくなる。上は数年間漬けた古漬けタイプで下はソフトタイプ（中国貴州省貴陽市で）

た器具である。

これらの器具は竜山文化晩期のものであるが、それまでには酒づくりと飲酒専用の器具が発達してきた長い歴史があり、それらを考えると、少なくともおよそ五〇〇〇年前の竜山文化の早期には、酒を醸していたとみてよいのではないかと思われる。『尚書・説命篇』によると、紀元前一二世紀前半の頃の商王武丁とその大臣傅説の対話の中に「酒醴をつくるならば爾惟麴蘗」というのがある。「酒醴」というのは甘くて淡い味の酒を意味し、麦芽とか麹のような糖化剤を用いて醸した穀物の酒をいう。また「麴蘗」というのは、麴は日本でいう麹のことで、蘗は麦芽などのように穀物から出た芽、すなわち穀芽をいう。つまりこの二人の対話を現代的に訳すと、「甘くて淡い味の酒をつくるなら、麹か穀芽（のような糖化剤）を使うとよい」といっているのである。

このことは今から三二〇〇年近くも前に、すでに糖化剤としての麴蘗が発明されていたことを示すものである。とくに麴は、デンプン含有の原料穀物（麦とかアワ、ヒエ、キビ、コウリャンなど）にクモノスカビやコウジカビなどの糖化糸状菌を増殖させたものであり、そのうえアルコール発酵をつかさどる酵母も多数生息しているので、糖化と酒化とが同時にできるという便利なものである。

さらに中国の古い酢づくりをみると、すべてが麴の使用によってまず酒をつくり、それを（酢酸菌で）発酵させて酢を得ている。そのことを考え合わせると、中国の酢の歴史もじつに古く、竜山文化期にはすでに酢は酒とともにたしなまれていたと考えてよいのではあるまいか。

「糟」は漬け床に

次に「糟」のことについていうと、酒や醬油をしぼって残滓《ざんし》となって出たものが糟《かす》である。日本では「粕」の字を採用してきたが、中国では昔も今も「糟」を使う。「ウリの粕漬け」「奈良漬け」「タラの粕漬け」といった例のように、わが国でも古くから漬け床として利用してきたものである。

前述したとおり、中国における酒の歴史はきわめて古いのであるから、糟漬けもきっと長い間たしなまれてきたのであろう。中国の農業系の古典には糟のことを述べたものがいくつかあり、それらをまとめてみると、「糟」とは本来、酒をつくったときに得られる残滓物（副産物）である。日本と同じように酒粕をそのまま調味料にしたり、あるいは「香糟」というもののように、酒をしぼって得られた糟にさまざまな醬を加えて加工したり、さらに「紅糟」といったもののように、もち米でつくった酒の糟にさまざまな調味料を加え、これに紅麴カビを繁殖させてつくった美しい色彩つきの調味料まであった。

したがって、糟またはそれを加工してつくった調味料にさまざまな肉や魚、根菜などの野菜を漬け込んだ漬け物も三〇〇〇年の歴史を持ったものと推察される。今日の中国における漬け物については第三章で述べる。

3　朝鮮半島の漬け物の歴史

朝鮮半島には、中国と同様、数千年の昔から保存食品としての漬け物が存在していて、きわめて長い歴史を持った漬け物文化があった。日本の漬け物のルーツを考えてみると、中国大陸と朝鮮半島から渡ってきたものがかなりあるから、その伝統には計り知れない重さがある。

しかし、現在の韓国には、中国と異なり古くからの古書図がほとんど残っておらず、たとえば朝鮮半島の料理史を研究するにあたって古文書を追ってみると、現存する最古の古書である宣祖元年（一五六八）の『攷事《こうじ》撮要《さつよう》』でさえ、医書三四種、養生書八種、救急書四種、獣医畜産書四種、農書四種が収録されているが、具体的な料理書は一種も見あたらない。

ただ、朝鮮半島の三国時代（四世紀頃から七世紀頃まで）に中国では『斉民要術』が成立しており、この有名な古典書の舞台が朝鮮半島と密接な関係にあった山東半島であることを考えると、料理法や漬け物を含めた食材の加工法が、早くから中国とともに朝鮮半島にも普及していたことは十分に考えられる。

ここで記憶に残しておかなければならないのは、『斉民要術』に漬け物のことが記載されていて、それがおそらく朝鮮半島に渡っていたのであろうが、その後、奈良時代には朝鮮半島から日本に、須《す》須《す》保《ほ》利《り》という人が伝えたという「須須保利漬け」という名称の漬け物が渡来していたことである。その材料には青菜、菁根（カブラ）が用いられ、塩だけで漬けるのではなく、飯や大豆が使われている。

朝鮮半島を代表する漬け物キムチ。しかし、トウガラシが使われるようになったのは意外に新しい

天平宝字六年（七六二）の『食物下帳』には「又下塩弐升　青菜須須保理四囲漬料囲別五合」と見え、また、平安期の『延喜式』の「内膳式」には「蔓根須須保利六石料塩六升大豆一斗五升」、「菁根須須保利一石料塩六升米五升」とある。この「須須保利」という人物は『古事記』の「応神天皇の条」に登場する「須《す》須《す》許《こ》理《り》」と同一と思われる（百済から渡来した酒造技術者として記述されている）から、日本への

漬け物の伝来は中国大陸のみならず、朝鮮半島からも古い時代になされていたのであろう。

ところで、朝鮮半島の漬け物というと「キムチ」がその代表的なものである。キムチは朝鮮半島では漬け物の総称で、漢字では「沈菜《チムチェ》」のこととされ、食生活には欠かすことのできない重要な食べ物で、食卓には必ず登場する。

文献上でキムチが初めて出てくるのは一三世紀の李奎報という人の詩だといわれているが、それより古いという説もある。キムチというとトウガラシが不可欠の香辛料であるが、キムチにトウガラシが使われるようになったのは比較的新しく、一七世紀後半からだという。このキムチについては第三章で詳しく述べる。

4　その他の国々の漬け物の歴史

メコン川流域を調べて

漬け物は、漬ける材料と漬け床があればできるのであるから、地球上の多くの民族には、それぞれに特有の漬け物がある。たとえばこれまで述べた日本や韓国、中国といった東アジアに隣接する東南アジアの国々にも、古くから魚、野菜、穀物などの漬け物があって、そこの民族に特有の食文化をもたらしてきた。

　さて、食の文化の伝播にはさまざまな方法または手段があるが、その伝播は流れにのればのるほど速くなる。たとえば川である。一例を示せば、東南アジア最大の川メコンは、北はチベットに源を発し、中国、ミャンマー、ラオス、タイ、カンボジアを経由して、ベトナム南部で海に注ぐ、全長四三五〇キロの大河である。流域面積七九万五〇〇〇平方キロ、この大河を支える支流の数は数万といわれ、総エネルギー生産量のきわめて大きい川である。

　その豊かな恵みは米、野菜、穀物、家畜から魚にまで及んでいて、時代を超えて幾十億という人びとに食料を供給してきた。とにかく生物資源の豊かさは驚くばかりで、たとえば漁獲高を見ると、メコン川では一平方キロあたり年間一〇トンもの魚が獲れるのである。この漁獲高はナイルやアマゾンといった大河よりもはるかに多く、本流はもちろんのこと数万といわれる支流でも湧き出すと表現できるほど淡水産の魚が獲れる。したがって食べるだけ食べてあとは塩にでも漬け込んでおけば魚の塩漬けとなるし、魚醬もつくれるのである。

　私は一九九八年、メコン川を遡って中国の瀾滄江《ランツァン》（メコン川上流の中国名）に入り、「発酵食品のルーツを求めて」と題する取材（ＮＨＫ衛星第二テレビ「素晴らしき地球の旅――発酵食品のルーツを探る」で放映）をおこなったが、味噌、納豆といった大豆発酵食品や、魚醬や塩辛、熟鮓、焼酎、麴、漬け物などの発酵食品は、そのほとんどが中国のメコン川上流地域から東南アジアなどへ伝播していったものであることが、流域の諸民族に残るその仕込み法や発酵法などから確認することができた。

中国雲南省のメコン川流域に位置する西双版納《シーサンパンナ》あたりにあるさまざまな漬け物や発酵食品が、ラオスやタイ、ベトナムにまで分布する例は、まさにそれを示しているのである。そして、流域に上陸した文化は、そこからさらに山に登り、山岳民族の食文化へも影響を及ぼしたのである。

このように考えると、東南アジアに点在するさまざまな漬け物の歴史も、中国や朝鮮半島同様に、大変に古い歴史を持ったものと考えることができる。

この考え方は、東アジアや東南アジアだけに当てはまるものではない。たとえばアフリカの南のほうにはトウガラシ、ショウガ、マスタード、シナモン、ターメリックなどで香りづけした甘酢に野菜を切って漬け込む、日本の「あちゃら漬け」（阿茶羅漬け。本来「アチャラ」とはペルシア語に由来するポルトガル語。レンコン、ダイコン、タケノコ、カブなどを細かく刻んで、トウガラシを加え、酢に漬け込んだ漬け物）に似た「アチャール」というのがあり、この漬け物は古い時代にアフリカの南部一帯に伝播し、広く分布するようになった伝統食品であった。

酢をもっとも早く取り入れたバビロニア

第三章で世界各国の漬け物について述べるが、それがいったいいつ頃からはじまったのかという正確な時期はわれわれにはわからない。しかし、漬け物には多くの場合、塩を使うことを考えると、生活にとって不可欠の物質である塩で食材を保存するということを考えた時点で、各地で漬け物の原型が誕生したのであろう。

キャベツを酢漬けして発酵させた「酸っぱいキャベツ」であるザウアークラウトは、紀元前からヨーロッパ一帯で食べられていた、と書いた本もあるが、文献などで推測するかぎり、中世に中央アジアから伝わってきたとするのが今日の定説のようだ。しかし、ヨーロッパの漬け物の歴史を調べてみると、キュウリの酢漬けであるピクルスは、今一つの代表的漬け物であるザウアークラウトに比べるとずっと古い時代から食べられてきた伝統的漬け物であった。

ピクルスの漬け汁である酢は、前にも触れたように酒からできる。英語で酢のことをビネガーといい、その語源はフランス語のvinaigre、すなわち「酸っぱいワイン」である。ワインの中のエチルアルコールが空気中に浮遊している酢酸菌の侵入を受け、酢酸になる。だから昔から、酒の管理をちょっと油断しただけで、酒が酢に変身してしまったなどということは少なくなかった。そして大昔から、そのように酸っぱくなってしまった酒、すなわち酢のことを中国では「苦酒《クオウチユウ》」、日本では「苦酒《からさけ》」、西欧では「酸っぱいワイン」（ビネガー）と呼んでいたわけである。

さて、その酢は紀元前三〇〇〇年頃のバビロニア（西アジアのチグリス・ユーフラテス川の下流地方で起こった古代王国。その当時の様子は楔形文字に残され、宗教、文学、芸術などの諸文化は世界文化史上、もっとも古いものとされている）にはすでにあったとされ、中国・周の古代王朝と並んで、歴史上もっとも早く酢を食生活に取り入れた王国だといわれている。

酢と漬け物の発生関係はアメリカ大陸でも古くから見られた現象である。とりわけアルゼンチンやブラジルといったスペイン系、ポルトガル系の移民国家は別として、ボリビアやペルーなどのアンデス地方に住むモンゴロイド系の民族においては、ヨーロッパや中近東、アフリカと同じく酢漬けはかなり古い時代からたしなまれてきた。その主原料はトウモロコシで、トウモロコシの酒から酢をつくり、それに野菜を漬けていた。そして、保存効果や風味付与という酢の機能性から、さまざまな根菜などの野菜が漬け込まれ、酢漬け（ピクルス）ができたわけである。ピクルスは最初は材料を酢だけで漬け込んだものであったが、その後、酢にさまざまな香辛料が加えられ、今日の形になってきた。

いずれにしてもこうして漬け物の歴史を見てくると、このすばらしい食べ物は、じつに古い時代から地球上の多くの人びとの暮らしと密着して歩んできたことがよくわかる。

第二章　日本漬け物紀行

1　諸国漬け物味比べ

日本は世界有数の漬け物王国であるので、こんな小さな島国でも、北から南まで全国各地にそれぞれ特色のある漬け物の名産品がある。まさに諸国漬け物味比べができるし、日本列島漬け物大紀行ができるほどだ。そこでまず、地方ごとに漬け物の特色と、そこにある名物漬け物を概観することにしよう。

北海道――水産物をよく使う

昔から水産加工の発達した地域であるので、ニシン、サケ、スルメ、コンブ、カニ、カズノコ、タラコなど、水産物を使った漬け物が多い。私も大好物である「ニシンの麹漬け」や「ニシンの糠漬け」「サケ麹漬け」などもあり、またスルメやコンブを使った「松前漬け」も有名である。

「松前漬け」は、スルメ、コンブ、カズノコ（場合によってはニンジンを使うこともある）などを細長く切り出して、それを合わせてからみりん（味醂）、醤油で漬けたものである。

「カニ肉の酢漬け」もあって、これを一度土産に買ってきて、家で飯《めし》を炊いてからこの酢漬けをまぶしてカニちらし寿司をつくってみたら、なかなかうまかった。

では北海道に根菜の漬け物がないのか、というとそうではなく、函館地方の大沼カブを使った「カブ千枚漬け」などはよく知られたものである。最近は「ギョウジャニンニク漬け」や「カリンのシロップ漬け」など新興の土産物も多くなってきた。また、タラやサケ、イカ、ムツ、スジコ、タラコ、ホタテなどを酒粕に漬け、それを一切れ一切れていねいに包装した粕漬けが人気を呼んでいる。

東北地方——漬け物天国

ここは「漬け物天国」をキーワードに持ったような地域である。昔から農家が中心となって発展してきた歴史と、畑の多い地形、糠や味噌といった漬け床の豊かさ、そして、東北人の好む塩辛さ（一人あたりの食塩摂取量は地方別に見て日本でもっとも多い）などの嗜好性も相まって、この地方は伝統的に漬け物の種類が多い。

漬け物天国東北地方の中でもとくに多様な漬け物を持つのは秋田県である。「いぶり沢庵《たくあん》」または「いぶりがっこ」などはじつにユニークなもので、ダイコンを囲炉裏の天井に吊し、下で炊く薪《たきぎ》の煙でいぶして燻製のようにし、それを糠漬けにしたもので、特有の歯ごたえと独特のいぶし香がある。また、同じダイコンを原料としたものに「なた漬け」などというものがある。これは、鉈《なた》で切ったように粗切りしたダイコンを麹漬けにしたもので「がっこ」とも呼ばれている。一方、秋田県では漬け物そのものを「がっこ」と呼ぶことがある。また、秋田県は日本海に好漁場を持っており、昔からさまざまな魚を獲ってきたが、中でもハタハタ（スズキ目の海水魚）は有名で、これを原料にしたのが「ハタハタ鮓《ずし》」である（後述）。

青森県にも山海のすばらしい食材を漬け込んだ名品が多く、中でもコンブ、スルメ、ニンジン、カズノコなどを刻んで混ぜ、それを醤油、酒などで調味した液に漬け込んだ「津軽漬け」は名高い。また「ホタテオイル漬け」などという新顔もある。

山形の「青菜漬け」は、青菜と呼ぶ高菜《たかな》の一種の塩漬けで、山形ではほかに「小ナスのからし漬け」も有名である。山形地方特産の小粒の民田《みんでん》ナスを材料として、それをカラシで漬けたものである。

隣の宮城県には「長ナス漬け」がある。仙台特産の長ナスを切らずに形のまま塩漬けにしたもので、土産などに人気がある。

岩手県にもいろいろな漬け物があり、中でも「金婚漬け」は名高い。ウリの種を抜き、その中に細切りしたダイコンやニンジンなどをコンブで巻いて詰め、それを味噌漬けにしたもので、このような構造の漬け物を「印籠《いんろう》漬け」と呼ぶ。

福島県では「三五八《さごはち》漬け」や、会津の「ニシン漬け」が有名である。三五八とは塩、麹、飯を三対五対八の割合で混ぜたものを漬け床にして、それに根菜を漬けるのでこの名がある。会津地方のニシン漬けは、身欠ニシンを甘酢醬油のようなものにサンショウの葉とともに漬けたもので、これはじつに美味しい。海から遠い会津地方では、乾燥魚の身欠ニシンは昔は大切なタンパク源であり、それを上手に使った知恵の漬け物である。

山形県には「おみ漬け」というのがある。高菜の一種である青菜にダイコン、ニンジン、菊の花を刻んで混ぜ、それを醬油で漬け込んだもので、青菜とダイコンから出てくる特有の辛みがうれしい。

関東地方――上品な漬け物

東北地方より暖かく、そして人口密度の高いところが多いので、比較的クセの少ない、上品な漬け物が多い。たとえば東京の「べったら漬け」や「福神漬け」、神奈川県小田原の「梅干し」、茨城県では「梅干し」や「白菜」が県内全般にわたって漬けられ、栃木県の「たまり漬け」や「しょうが漬け」など、そしてアブラナ（油菜）や水掛け菜の塩漬けも伝統的である。群馬県にはさまざまなキノコを使った「キノコ漬け」や、山菜を混ぜ合わせて調味液に漬けた「山菜漬け」などがある。

江戸では茶を好む人たちも多かったので、甘い漬け物としてべったら漬けや福神漬けが発展した。福神漬けはキュウリ、ナス、ダイコン、ナタマメなど七種の材料を、醬油を主体とした甘辛い調味液に漬けたものである。七種の材料が用いられていることや、発祥地の下谷の近くには不忍池の弁財天があることなどから、七福神にちなんで命名されたものだという。

海に面さない埼玉県は、白菜漬けやダイコン漬けのような根菜漬けが主で、ナスの調味漬け、キュウリの調味漬けもある。首都に近いせいか、さまざまな浅漬けも多くつくられている。

千葉県成田山にはウリの「鉄砲漬け」がある。シロウリの中にシソの葉でトウガラシを巻いたものを入れ、それを醬油で漬け込んだものである。ちょうど鉄砲の筒の中に弾丸と火薬を詰めたようなものが連想できるので、この名がある。また千葉県全域に醬油漬けが多い（「黄金らっきょ漬け」など）のは、銚子や野田が昔から醬油産業が発達した地域であることに関係している。

中部地方——変化に富んだ名物

この地方は山あり、海あり、谷あり、川あり、平野ありなので、変化に富んだ名物漬け物が多い。

山梨県には有名な「煮貝《にがい》」がある。煮たアワビを醤油とダシ汁などに漬け込んで味《み》熟《な》れさせたもので、珍しいアワビの漬け物である。

長野県には知らない人はいないほど有名な「野沢菜漬け」があり、またヤマゴボウの味噌漬けなどもよく知られている。

静岡県にもワサビの根や葉を酒粕に漬けた名物の「ワサビ漬け」があり、この漬け物は漬け床の酒粕もそのまま食べるという、他の粕漬けには見られないユニークなものである。

隣の愛知県にはヒョロヒョロと細長い守口《もりぐち》ダイコンを使った「守口漬け」がある。近年ではキュウリの醤油漬けが人気となっている。

岐阜県の漬け物といえば「品《しな》漬け」であろう。赤カブにキュウリ、ナス、ハツタケ（キノコ）、その他の野菜やキノコを塩漬けした飛騨地方の色の美しい漬け物である。

一方、日本海側に目をやると、新潟県は味噌漬けの生産量が多く、また各種漬け菜（新潟小松菜、大崎菜、長岡菜など）の塩漬けも知られている。また、奈良漬けを細かく刻み、それにカズノコとトウガラシ粉を入れた「山海漬け」、さらに海の魚介の粕漬けもうまく、「マタタビの塩漬け」なども珍しい。

富山県は海の魚介の漬け物が豊かで、「イカの沖漬け」や「サバ熟鮓」「甘エビ塩辛」などがあり、根菜漬けでは「ヤマゴボウ味噌漬け」など各種山菜漬けがある。

石川県にも名物漬け物が多い。代表的なものは「蕪鮓《かぶらずし》」で、カブを薄く輪切りにしてそれに薄く切った塩ブリをはさんで、塩と麹とコンブで漬け込んだものである。石川県にはこの蕪鮓のほか、ダイコンとニシンを使って「ダイコンずし」にするところもある。

福井県には名物「小鯛の笹漬け」がある。三枚におろした小ぶりのタイを笹の葉とともに酢漬けにしたもので、若狭の名物として土産用によく知られた漬け物である。これをすしのネタにして、家庭で酢飯を炊いて握って食うと、まさに寿司屋に行って食べるようなうまさがある。また、石川県と並んで糠漬け魚の名産地で、「サバのへしこ」「イワシのへしこ」は有名。「ラッキョウの酢漬け」も知られている。

近畿地方——歴史の深さを表す

古く京や大坂を有した近畿は、歴史とともに歩んできた伝統的な漬け物が多い。最も漬け物色が濃いのは京都で、「千枚漬け」「しば漬け」「菜の花漬け」「酸茎《すぐき》」「日野菜漬け」「壬生菜《みぶな》漬け」などなど、多彩である。

この中で「酸茎」は、晩秋に収穫したカブの一種であるスグキナの根株を塩漬けし、重石をかけて発酵を進め、発酵終了したものを今度は寒気にさらして味を締めたものである。

「しば漬け」は京都を代表する漬け物の一つで、ナス、ミョウガなどを薄く切り、シソの葉とともに薄塩で仕込み、発酵させて酸味を出したものである。シソの赤紫色が濃く、人気も高い。

「菜の花漬け」は、ナタネのつぼみを塩漬けしたもので、黄色と緑色とのコントラストが美しい。そして「壬生菜漬け」は、ミズナの一種のミブナを糠漬けしたもので、特有の歯触りがうれしい。「日野菜漬け」も日野菜（カブの一種で、小さなダイコン状の根を持つ）を糠漬けしたもので、その色彩は白い根の肌に淡い赤紫色が妖しいほど美しい。

奈良県の「奈良漬け」も全国的な漬け物として有名である。漬け床となる酒粕が灘や伏見といった銘醸地から多量に出るので、奈良ばかりでなく、兵庫県や京都でもつくられている。

滋賀県は日本最大の湖である琵琶湖を有するので、この湖の特産品と漬け物との関係は深く、中でもニゴロブナ（煮頃鮒）を使った熟鮓《なれずし》の一種「フナ鮓《ずし》」が有名である（熟鮓については第四章で詳述する）。また、湖西の高島町には「赤カブ漬け」があり、日野町には「日野菜さくら漬け」、さらに湖北の高月町には「高月菜漬け」などもある。日本海からサバを運んだ「鯖街道」の街道筋にあたる朽木村には今もなお

「サバ鮓」があるなど、多彩な漬け物県である。

三重県には、キュウリやシロウリの芯をくり抜き、その中に穂ジソ、タデ葉、芽ショウガ、青トウガラシなどを詰め、淡塩加減にして圧強く漬けた印籠漬けの一種がある。

和歌山県は紀州梅が特産なので「梅干し」はつとに有名で、今日でも紀州梅干しは全国に出荷されている。南紀には「サンマ熟鮓」があり、中でも新宮市には三〇年間も漬け込んだ「サンマの熟鮓」がある。

兵庫県は酒どころであるので奈良漬けを代表とした粕漬けが多く、大阪には「大阪白菜漬け」や「高山真菜《しんな》（あぶら菜）漬け」「大阪切り漬け」などがある。

中国地方――漬ける材料の豊かさ

山陽と山陰という、広範囲な二つの地域を持つこの地方は、太平洋（瀬戸内海）と日本海に面し、また中国山地といった山岳地帯も有しているので、漬け物の材料にはこと欠かず、多くの漬け物がつくられている。

まず岡山県には山海の珍味を酒粕に漬けたものや、山菜漬けなどがあるが、海の幸の漬け物も多く、ニシン科の魚であるサッパを酢漬けにした「ママカリ漬け」はその代表（後述）。「クラゲのみょうばん漬け」といった珍しいものもある。

広島県は何といっても「広島菜漬け」が有名だ。広島菜を麴やコンブを使って塩漬けにしたもので、その美しい深緑色と特有の歯ごたえ、そして食欲をそそる漬け香はまことにうれしいもので、熱いご飯のおかずにしても絶品である。ダイコンを海水で漬けて干し上げるという、ユニークにして知恵のある漬け物は山口県宇部地方の名物「寒漬け」である。独特な歯ごたえと香りが人気の秘密なのであろう。

山陰地方の島根県には、津田カブという赤カブを糠に漬けた「赤カブの糠漬け」があり、古典的で素朴な風味が印象深く、漬け物の名品である。

鳥取県では、砂丘を利用したラッキョウの栽培が昔から有名で、それを原料にした「ラッキョウの酢漬け」が代表的な漬け物である。カリカリとした歯触りの中に、上品な甘さがあり、さまざまな肉類や魚類を食べるときの口直し、ライスカレーの添えものとしても好きだ。

四国地方――山海の恵み

四方を海に囲まれながら、東西に山脈が走っているので、山海の恵みによる漬け物が多い。

美しい色彩を持った知恵の漬け物は愛媛県の「緋《ひ》のカブラ漬け」である。赤カブを塩漬けにした後、ダイダイの果汁で漬け直すと、果汁の酸性が赤カブの発色をさらに促し、見事な緋色に染まる。まったく妖しいほどの天然の色を持ったすばらしい漬け物である。

徳島県には「ラッキョウ漬け」「アユのうるか」「那賀《なか》のワサビ漬け」「鯛味噌漬け」など、山海の漬け物が彩りを添えている。

香川県は小豆島《しょうどしま》に古くからいくつかの醤油醸造所があることから、「もろみ漬け」や「醤油漬け」が名高い。また「オリーブの塩漬け」があって、これがなかなかうまい。ほかに多くの菜漬けもあり、また魚の塩辛なども多い。

高知県は昔から一人あたりの酒の消費量が全国でもトップクラスにあるためか、酒の肴としての漬け物が多い。中でも「酒盗」が有名であるのは、黒潮にのってカツオが群泳してくる地域性もあるのだろう。酒盗はカツオの腸《わた》の塩辛漬けのことで、土佐の特徴である端麗辛口の酒によく合う。海だけでなく山間部も多いこの県には、各種根菜の塩漬けも多い。また最近、高

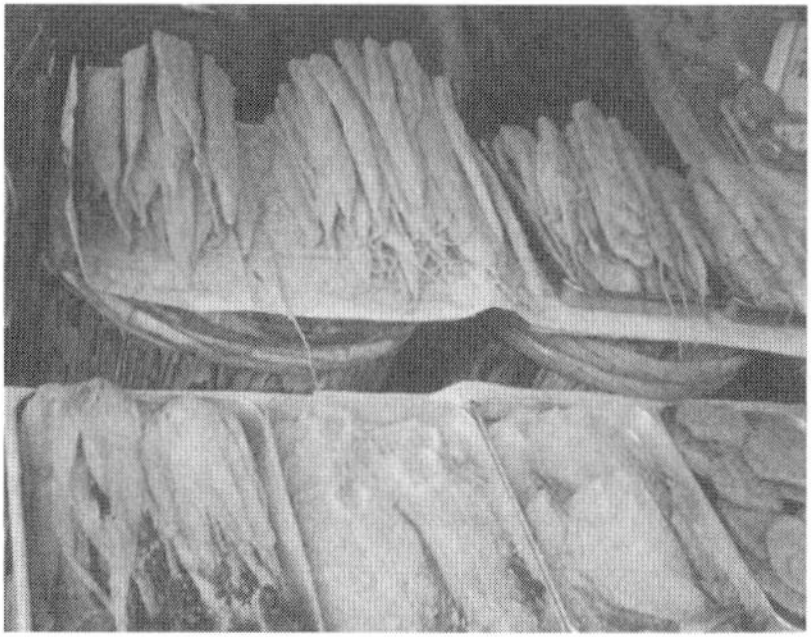
高知市の朝市で漬け物屋に並べられたさまざまな漬け物

知県産の白菜やニンニクを材料として「キムチ漬け」が多くつくられるようになり、県もこれを大いに奨励している。高知市で日曜日に開かれる朝市に行ってみると、漬け物の専門の店がけっこう多く、漬け物を愛好する県民性が見てとれる。

九州地方——数多い根菜、魚介類の漬け物

すべての県が海と接しているためか、他の地方に比べて魚介類の漬け物が多い。また、年間を通して暖かい気候風土であるため、一度漬けだけでなく二度漬けをした漬け物も多く、さらに桜島の火山灰台地を利用したダイコンの漬け物など、風土に合った漬け物が多い地方である。

福岡県はなんといっても「めんたい漬け」であろう。スケトウダラの卵巣をトウガラシの辛みの強い調味液に漬けたもので、福岡の名物土産になっている。スケトウダラは北の海の魚で、もともと福岡にはなじみの少ないものであるから、原料の調達面から考えてもユニークな魚卵漬けで、それが名物になった点で注目される。一説によると、福岡は古くから朝鮮半島との交流の玄関口で、「明太《めんたい》」（韓国語では「ミョンテ」）はそこからの帰国者が博多に伝えた、という。福岡県の菜漬けにはカラシナ漬けが多く、その代表は「山潮高菜漬け」「かつお菜漬け」「三池高菜漬け」などである。また「博多白菜漬け」もよく知られている。

佐賀県では「松浦漬け」と「がん漬け」が有名である。前者は捕鯨最盛のおり、東松浦郡呼子町には捕鯨基地があって、クジラ景気に沸いていた。そのクジラを解体するときに出る軟骨（かぶら骨）を熟成した酒粕に漬けたもので、コリコリした軟骨の歯ごたえが絶妙である。

後者は有明海の干潟に住む小さなカニ（シオマネキなど）を甲羅のままつきつぶし、塩とトウガラシで漬け込んでから長期間熟成させたものである。ドロドロに溶けた中にもカニの濃い奥味と激しいほどのトウガラシの辛さが均衡して、じつに印象深い漬け物である。これを少々味噌汁の中に入れてやると、俄然、その味噌汁は辛さを持ち、味の強さでもグレードアップするものだから、私の好きな漬け物の一つだ。菜漬けではカラシナの「おこもじ漬け」がうまい。カラシナの葉を塩漬けしたもので、その色と歯触りと香りがよい。

熊本県にはアブラナ系とカラシナ系の塩漬けがあるが、阿蘇地方には「黒菜漬け」がある。また、熊本県には川魚の塩漬けもあって、その代表的なものが人吉市を中心とした球磨川でつくられる「アユのうるか」である。アユの内臓を塩で漬けて熟成したもので、酒の肴にうれしい。アユのうるかの中には「白うるか」などという珍品もあって、これはアユの卵巣を塩で漬け込んだものである。

通常のアユのうるかは内臓のうま味と渋味、そしていくらかの苦味があって、酒の友として絶品である。白うるかのほうは味にくせがなく、上品な味と特有の舌触りがある。その熊本県には豆腐の味噌漬けもある。ポッテリとした性状だが、口に入れるとねっとりとして、特有のコク味が舌の上に広がり、豆腐というよりは溶けたチーズのようであった。焼酎のような、アルコール度数の高い辛い酒にはよく合う。

長崎県は海に接する地域が多く、フグの粕漬けやタイの味噌漬け、タコやサザエの塩漬けなどがある。菜漬けでは「唐菜《からな》」とも呼ばれる「長崎白菜漬け」があり、なかなか風味がよい。

宮崎県は昔の日向国で、稲や麦、ソバが刈られて干されている、かつての農村の原風景を感じさせるところで、今でもダイコンは日に干されてからしっかりと糠漬けされ、「沢庵漬け」となる。近年、宮崎県の沢庵漬けが東京あたりでも人気が高くなったのは、その昔ながらの太陽干しと、そして宅配便に象徴されるように交通事情や流通システムが大いに発展したからであろう。

大分県は山と海の県であるので山海の漬け物が多い。よく知られたものは沢庵漬けや高菜漬けで、中でも竹田市の「山潮菜漬け」は人気がある。日田地方の「アユ腸塩辛漬け」も名物で、ほかにキノコ漬けの種類が多いのも特徴となっている。

鹿児島県の漬け物といえば、誰でも知っているのが「薩摩漬け」と「山川漬け」であろう。前者は火山灰台地に特産する桜島ダイコンを輪切りにしてから酒粕に漬けた

沖縄の漬け物には熱帯系の材料が多い（石垣市で）

もので、ダイコンがしっかりしているので、漬け上がりもよろしく、なかなかのものである。後者はきわめて古い伝統を持ったダイコンのつぼ漬けで、そのつくり方や風味は中国の「搾菜《ザーツァイ》」に似たものである。

沖縄地方——熱帯系の材料を使って

沖縄県は常夏の島々から成っているので、その気候風土によって生み出される漬け物の材料には熱帯系のものが多く、多彩である。たとえば「パパイヤ漬け」はパパイヤの実を薄く切って黒糖と酢とで調味した漬け汁の中に漬け込んだもので、パリパリとした果肉の歯触りがよい。また「ウリの甘酢漬け」「カヌシャーマ漬け」（ワインチャアというカブの一種の甘味噌漬け）、「パイナップルのシロップ漬け」などもある。

なお、沖縄では砂糖で甘く漬ける漬け物を「地漬《ジージキ》」と呼ぶことが多く、「ニンニク地漬」「キュウリ地漬」「ダイコン地漬」がその例である。もちろん「ニンニク塩漬け」や「ラッキョウ酢漬け」という一般的な漬け物もたくさんある。

また、沖縄には香辛料を漬けたものがあって、その代表が「ぴぱーず漬け」である。小型で激しい辛さを持つコショウ科の香辛料を泡盛（沖縄特産の蒸留酒）や酢に漬けたもので、暑い南国の食卓にあって、発汗作用を促すすばらしい香辛調味料である。これがないと、沖縄の食卓はさびしいものだ。

日本の発酵豆腐の代表である、美しい色彩とすばらしい美味の「豆腐よう」も沖縄県の名産であり、これは豆腐の漬け物である。なお、二〇一二年におけるわが国の都道府県別漬け物出荷金額ベスト五（経済産業省「工業統計」）は、一位和歌山県四五〇億円、二位長野県二二〇億円、三位栃木県二一〇億円、四位群馬県二〇〇億円、五位愛知県一六〇億円である。和歌山県の第一位は梅干しの出荷によるところが大きい。

2　わが漬け物行脚

日本の漬け物は、この民族の食の形をつくってきた原点の一つである。「一汁一菜」という、質素で素朴な食生活の中にあって、漬け物の果たしてきた役割は計り知れないものがある。ここでは、私がこれまで食べてきた、あるいは旅先で接してきた漬け物の中で思い出深いものや感心したものをエッセイ風に述べることにする。

あちゃら漬け

あるとき、鹿児島の知人から「あちゃら漬け」という酢漬けを送ってもらった。奇妙な名前の漬け物なので覚えていたところ、名古屋に行ったら、やはりその漬け物を見つけた。きっと日本のあちこちで漬けられているのだろうと思ったが、調べてみたら、トウガラシを加えた甘酢に野菜を漬けたものがあちゃら漬けで、別名を南蛮漬けというらしい。

享保一五年（一七三〇）刊の『料理綱目調味抄《りょうりもうもくちょうみしょう》』には「阿茶蘭漬」とあり、『料理《りょうり》山海郷《さんかいきょう》』（寛延三年、一七五〇年）には「阿茶羅漬」とある。前者には「酢に塩を加えて煮返したものにトウガラシ、ナス、ショウガ、ミョウガ、レンコン、ゴボウ、イワシ、貝類などを漬ける」と、その漬け方が記述されている。すでに同じような漬け物が元禄二年（一六八九）の『合類日用料理指南抄《ごうるいにちようりょうりしなんしょう》』に「南蛮漬」の名で書いてあるから、かなり古い漬け物である。

私がこれまで賞味したあちゃら漬けは、干しダイコンを切ったものが入っていたから、きっと天保七年（一八三六）に書かれた『四季漬物塩嘉言』の漬け方なのであろう。そこには「干しダイコンを一寸ばかりに切り、縦に四つ割りにして刻み、コンブ、ショウガ、ミョウガの子、塩ナス、ツト麩、小梅干し等を加え、酒、醬油を煮立てて梅酢を加えて当座に漬ける。木耳、蕃椒を入れる」とある。

今のあちゃら漬けは甘酢漬けが多いが、多くの古文書には砂糖の使用が記述されていないところを見ると、砂糖を加えて甘くしたのは、もっと後の近代になってからではあるまいか。酢も米酢の記述はあまりなく、梅酢を使っているのが多いところをみると、これも後になって米酢を使ったのかもしれない。

ナス漬け

世界的に名が知られた博物学者の荒俣宏さんが時々送って下さるナスの糠漬けのうまさには正直申してほっぺたがはらりと落ちるのではないかと心配するほどである。ナス漬けというのは、漬け方にぬかりなければ実にうまいものである。

そのナスは大変にポピュラーな野菜で、平安時代すでに栽培されていた記録があるので、これの漬け物は伝統があり、そして種類も多い。糠漬けの一夜ものなどは「色はナスの一夜漬け」といわれるほど鮮麗な「茄子紺《なすこん》」の色彩、そして淡雅な風味がよく、今や漬け物の王座に推されるほどである。普通は丸のまま塩をふって軽くもみ、糠味噌に漬けると一夜かからずに食膳に上る。

あるとき、とにかく早く食いたいと思い、ナスを二つに割って包丁目を入れ、ヘタをそのままつけて漬け込んだら、何と三時間でじつに美味に仕上がったことがある。塩にして漬けるときには、まず丸のまま漬け桶に詰め、上から塩水をかける。塩水は水一升に塩二合の割で、それをいちど煮立て、少量の焼きミョウバンを加えた後に火から降ろし、十分に冷ましてから用いる。こうすると茄子紺の色がよく出て、美味に漬け上がるというのが昔からの口伝《くでん》である。

「カラシ漬け」もナスの漬け物の代表の一つである。「一口ナスのカラシ漬け」といわれるぐらい、秋ナスの色よく小さい一口サイズを丸のまま漬けたのが賞味されるので、山形県特産の民田ナスや窪田ナス、薄皮丸茄子といった小ナスが用いられる。

いったん塩漬けにしたものを、ざっと日に当ててから漬け込むのが定式で、今では塩抜きした後に調味液（醬油、砂糖、化学調味料などを配合）に数時間漬けた後、みりん粕、米麴、水あめ、砂糖、和ガラシ、洋ガラシ、ウコン（黄色づけ）でつくっておいた漬け床に漬ける。これを密閉した漬け桶に入れ、調熟させると早い時では三、四週間で食べられ、これを一年ぐらい置いても香気は抜けない。食べるとその辛みで鼻に「ツン！」と来るのが刺激となり、見事な漬け物である。栃木県の「那須の与一漬け」はつとに有名だ。

仙台市には「ナス漬け」がある。その品種は「千成」と「真黒」などで、浅漬け用にも広く用いられている。通常のナスの漬け物（塩漬けや糠漬け）には中長ナス群の「橘田」や「千両」などが用いられ、最近、人気が高いのは果肉のしまりがよいという丸ナス群の「巾着」や「大阪丸」で、その味噌漬けは評判とのことである。

酸茎

アブラナ科の二年草で、京都府加茂地方の特産のカブの一変種がスグキナ（酸茎菜）である。葉は平滑で葉縁《ようえん》は鋸歯状を呈し、根は逆円錐形。長さ二〇センチほどで、加茂菜ともいう。この根と茎を原料にして漬け込んだのが「酸茎」である。塩をふってから強い圧をかけると、その圧力のために漬け菜は空気とあまり触れない嫌気状態となって乳酸発酵が起こるので、漬け上がったものには特有の酸味がある。昔、旅の途中でこれを刻んで朝粥の上にのせて食べた初春の京都の味は忘れられない。

とにかくこの酸味が酸茎の目玉であるので、根茎を「面取り」と称して剝皮し、それを四斗樽に五、六パーセントの食塩で塩漬けにし、天秤重石により圧をどんどんかけていく。さらにこの作業は乳酸菌が繁殖するのに最適な四〇度という高い温度の室《むろ》の中でおこなうことに大きな特徴がある。

九月中旬から一〇月初旬頃までに播種《はしゅ》し、翌年の二、三月頃収穫して漬け込む。この三月下旬から四月下旬までの花見時のものが最高の漬け加減とされ、昔は俗に「枇《び》杷《わ》色」と呼んで茎も根も淡黄色を帯びたのを美味として珍重したという。

とにかく酸味が印象的であるうえに、乳酸発酵特有の発酵臭があり、酸茎を熱いご飯や茶漬けにのせると、あっという間にご飯茶碗三杯ぐらいの飯《めし》は胃袋にすっ飛んでいってしまう。

江戸時代の京の町人の様子を描いた絵には、鉄漿《かね》で歯を黒く染めた女が「すぐーきーいらんかなー」といいながら、京の町を売り歩いているところが描かれている。上賀茂神社付近の農家は軒並み酸茎をつくっていて、四斗樽から長い丸太ん棒を突き出した酸茎桶の風景は冬の風物詩であったという。

白菜漬け

漬け菜を塩で漬けた漬け物を一般に「菜漬け」といい、「白菜漬け」はその菜漬けの代表である。昔はたいがいの家ではこれを漬けたものであるが、今は近所のスーパーや食料品店で売られているので、自家用として漬けている家はきわめて少ない。

昔は白菜を二つに割り、軽く太陽に干してから漬けると甘味が増すというので、この方法でおこなったが、今では直接漬けがほとんどのようだ。

使う塩の量はかつては四パーセントも使っていたところもあったが、最近では二・

五パーセント以下という低塩仕込みが多いという。塩は一気に計算量すべてを加えてしまうわけではなく、漬け込み容器の中で白菜の葉一枚一枚の間に少しずつ入れていき、漬け終わりのときにちょうど塩がなくなるようにし、それにふたをして上から重石をすると、揚《あ》げ水が出てくる。こうしてしばらく置いておくと、乳酸菌が繁殖してきて発酵が起こり、特有の酸味やうま味が出てくるだけでなく、白菜漬け特有の牧歌的な匂いが出てくる。よく漬け上がるように白菜と塩のほかに米麴を加えるところもあり、群馬県針塚農産というところで食べたものは天下一品の麴漬けであった。ほかに切りコンブやトウガラシなどを加えるものも多い。

漬け上がった白菜を適宜の大きさに切り、小皿にとって、上からうま味調味料をパッパッとふりかけ、その上から醬油を垂らす。茶碗に盛った熱いご飯の上にその白菜漬けの一片をひらりとのせ、ご飯をその白菜で包むようにして食べると、そのうまさに腰を抜かすほどである。ご飯から出てきた甘味に白菜漬けの酸味とうま味がのり、そこに醬油の香りと白菜漬けの匂いが相乗してくるものだから、どうにも止まらないということになり、私などはこの白菜漬けだけでご飯を三杯も平らげるほどだ。

野沢菜漬け

菜漬けといえば「野沢菜漬け」も有名である。信州に通じる高速道路のサービスエリアの土産売り場や、街道筋のドライブインに入ると、決まって野沢菜漬けのオンパレードといった感がするほど山積みされていて、人気の高さがよくわかる。

発祥の地といわれる長野県野沢温泉村には健命寺という寺があり、そこの住職が宝暦年間(一七五五年頃)、京都に行った折に持ち帰った天王寺カブが最初だということである。実際この寺に行ってみると、そのあたりのことが述べられていて、寺にお願いすると天王寺カブの種子を分けてくれる。

若い頃、私は真冬に長野県の酒造蔵に行って寝泊まりしながら酒づくりを学んだことがあったが、午前四時半ぐらいの早朝に起きてひと仕事をした後、朝食に出る野沢菜の味はいまだに忘れないほどのうまさであった。漬け桶の上に張った氷をかち割り、シャリシャリとする野沢菜の歯ごたえがすばらしかった。

菜の色は漬け上がりの新鮮なものではクロロフィルによるまぶしいほどの緑色だが、古くなったものはそのクロロフィルが分解してフェオフィチンという黄色を帯びた色素となる。この色が出ると古漬けと表現する人もおり、味も濃く、酸味も強くなる。それを逆手にとってお茶漬けや油炒め、チャーハンやカレーライスの添えものや薬味などに使うと、じつに風格のある野沢菜漬けの利用となる。

高菜漬けと広島菜

高菜漬けは本州の各地にある有名な菜漬けで、北は東北の山形から南は九州熊本まで産地は広がっている。明治時代に中国四川省から奈良県に「青菜」の種子が持ち込まれ、それが各地に広がったというが、古くから日本にも「太加菜」として記録され（平安時代の『延喜式』など）、使われていたことがわかっているから、この漬け物の歴史は古い。そのまま高菜と呼ぶところもあるが、青菜、芭蕉菜、カツオ菜、山潮菜と名づけているところもある。

最近、高菜漬けが都会でも有名になったのは、ラーメンに高菜漬けの刻んだものをドバッとのせた「高菜ラーメン」の登場による。ラーメンのコクのある脂っこさを高菜漬けが見事に中和してくれるから、中華風のそばが突然日本風に変化してしまうほどで、私もこれが大好きである。激辛にした高菜漬けもラーメンやチャーハンに使われて、人気が出ている。

また、和歌山県で食べた「めはりずし」という、高菜漬けを大胆に使ったおむすびのうまさたるや、ただごとではなかった。古漬けにした高菜の葉を広げてご飯をのせ、茎の部分はみじんに切って中に押し込みながらおむすび状に握っていくのである。つまり海苔の代わりに高菜の漬け物を使った握り飯ということになる。普通のおにぎりよりひと回り大きく、それを口いっぱいにほおばると、どうしても目を大きく見張るようになってしまうので、「めはりずし」という名がついたということだ。ひと口ガブリとかじりつくと、口中に素朴な風味が広がり、昔の人になったような気分であった。

広島菜は最近、手頃な容器に詰められて贈答用として人気が高まり、かなり知られるようになった。名前のとおり広島県が主産地で、その最初は京都から導入した株であったので「京菜漬け」と呼ばれていた時代もあったという。緑色が美しく、漬け上がりのシャリシャリとした歯ごたえは絶妙である。

京都といえば「水菜漬け」もうれしいが、「菜の花漬け」も有名な菜漬けである。三月の下旬から四月上旬に菜の花をつぼみのうちに収穫し、三・五パーセントぐらいの食塩で漬け込む。滋賀県の一部には、漬け上がった菜の花漬けを糠味噌に漬け直し、これを長く漬けて古漬けとするものがある。その匂いは非常に強烈で、一種の「花の熟鮓」を思わせるほどの個性を持っている。これを茶漬けなどにすると実にうまい。

花を食べる文化

菜の花漬けは大変に珍しいが、日本では昔から花を食べる習慣は多くあり、今日でもその例は少なくない。四季を花で明確に区別できる日本では、年間を通して花が絶えることはない。

花の生命が奔出する花爛漫の春、百花繚乱の夏、千草の花競演の秋、満月荒涼たる中に萌える冬の花。山紫水明にして正確にめぐり来る四季を抱いたこのすばらしい国日本には、驚くべき種類の花が咲き誇り、それを日本人は大切に愛し続け育ててきた。花を見て心を和ませ、その「心」から風雅の道として花を生ける芸術まで生んだ。

さて、その花を日本人は昔から食べて重宝する知恵も持ってきた。花を食材の一つとして上手に、そして理にかなった方法で食べてしまう知恵は、おそらく日本人の右に出るものはあるまい。

日本人の花食いは、大昔からのことである。花を食べることが、健康によいということを体験的に知りだしたのは、そうとう古い時代からのことで、おそらく縄文以前からのことであろう。

野菊はもちろんのこと、タンポポ、スミレ、ツバキやボタンの花まで食べた。花粉や蜜にはさまざまな微量成分、とりわけリンや鉄、マグネシウム、カルシウム、カリウム、亜鉛のような重要なミネラル類や、ビタミンB群、ビタミンC、ビタミンKなどのビタミン類が豊富に含まれている。このため花を食することは、当時の質素な食生活の中にあって、貴重な活力源の一つともなっていたのである。

そのような花の食を通して、日本人は食べられる花と毒の花、美味な花とまずい花、体のためによい花と食べ過ぎると体によくない花などを、正確に区別してきた。そして、その使い道にも、理にかなった多様性を持っている。

花を食うといえば、その代表が菊（これをゆでるときは、熱湯に入れないで、最初から水といっしょに鍋に入れて、火にかけ、ひとふきしたらザルにあけ、水に冷やして絞り、三杯酢に漬けると、色が冴えて歯ざわりもよく美味）だ。平安時代の『延喜式』の「典薬寮」の条にも記載があるように、薬餌として重宝され、重陽節《ちょうようせつ》（陰暦九月九日の菊の節句）には、菊酒として延命の縁起酒にもなっている。酢のもの、浸しもの、和えもの、添えもの、汁の実など多彩に賞味される。

日本の花料理は、菊以外にもたくさんある。ナズナの花をゆでてゴマ和えにしたもの。今述べた京洛の代表漬け物の一つといえば菜の花漬け。梅干しとともに酒と醬油で煮つめたフキノトウは、絶妙の苦味と芳香を楽しませるばかりでなく、胃腸にも大変よい。

また八重桜の花の塩漬けは、桜湯やあんパンに使われ、花山椒や花柚子《ゆず》の小さくも可憐な花弁は吸口《すいくち》にしてうれしく、シソの花、キュウリの花、小菊、タデなどは刺身のつまに重宝される。

このような日本人の花食いの裏には、理にかなった知恵が随所に隠されている。まず第一に薬効。桃の花やつぼみは利尿に、菊は心の安らぎに、コブシは鼻の病や泌尿器系の病に、フキノトウは健胃や鎮咳に、マタタビのつぼみは疲労回復にと、大半の花はそれぞれに薬効を持っている。

そして第二は食味。ツツジやサツキの花びらの酸味、フキノトウや菜の花の苦味、花山椒の辛味、桜花や梅のつぼみの渋味など、花には五味も宿る。

第三が匂いとしての脇役。菊、桜、柚子、シソの花々などには、野趣あふれる自然の快香があってうれしい。

そして第四は視覚への貢献。純白な柚子の花は五弁の形、ワサビの花は白色の十字花。これらを吸い物に浮かせて吸口としたり、桜や桃の花を湯や酒に浮かせてそれごと飲んだり、色とりどりの花弁の小さき花々を料理に添えたりするのを見るとき、思わず日本料理の粋の真髄をかいま見たような気がして心和む。松尾芭蕉の次の句は、日本人の花食いの粋さをよく表している。

「蝶もきて酢をすふきくのすあへ哉」

ダイコン漬け

日本列島に広く分布する菜漬けには、これまで述べてきた白菜漬けや野沢菜漬け、広島菜漬け、高菜漬け、菜の花漬けのほかに、カラシナ漬け、油菜漬け、壬生菜漬け、青菜漬け、黒菜漬け、茎菜漬け、五月菜漬け、小松菜漬けなど枚挙にいとまがない。

ダイコン漬けといえば、真っ先に思い出すのは、最近、九州の宮崎県に行ったときのことである。とにかくおびただしい量の何千本、いや何万本かのダイコンが縄で吊されて日干しされている光景で、それはそれは圧巻であった。沢庵漬けの原料にするとのことだったが、今でもこのように干して身を締め、味を濃くしてから糠漬けする本格的な沢庵を大量につくっている工場があることを知って、心強くなったものである。東北生まれの私も、小さい時から昔ながらの沢庵づくりを見て育ったので、宮崎で干しダイコンを見たときの感激は忘れられないものとなった。

今日の多くの沢庵漬けが「塩押し法」といって、干さずにつくるものや、それを早く出荷する目的もあって、調味液を使う「液漬け沢庵」などというのが主流となったが、昔ながらの干し沢庵がしっかりと残っているのはうれしいことである。

その干しダイコンを使って漬けたものの中でとくに有名なのは秋田県の「いぶり沢庵」あるいは「いぶりがっこ」というものと、鹿児島県の「山川漬け」であろう。「いぶり沢庵」はダイコンを桜やナラの焚き火で一週間ぐらいゆっくりといぶし、自然に水分を抜いて乾燥化する。そしてダイコンを折るようにしてしならせ、「へ」の字になるぐらいまで燻乾したら、さっと洗って表面のすすを落とす。これを米の赤糠に塩、ざらめ糖を加えたものに漬け込んで三ヵ月ぐらい発酵、熟成させるとでき上がる。カリコリカリコリとした特有の歯ごたえが快く、鼻からは日本の食べ物には珍しいスモーク・フレーバー（煙香または煙臭、燻香）が舞い込んできて絶妙である。最近、日本人は食事中に嚙むことが少なくなってきて咀嚼《そしゃく》力が低下したといわれている。このいぶりがっこを代表とする干しダイコンの漬け物はよく嚙まなければ胃袋に送り込めないので、大いにこれを食べて顎の筋肉を鍛え、快活になりたいものだ。

秋田県はわが国を代表する漬け物王国であるので、このいぶりがっこのほかにもいろいろなダイコン漬けがある。有名な「なた漬け」もその一つで、晩秋、畑から抜いてきたダイコンの土を洗い落とし、皮をむき、その名のとおり鉈《なた》でザクザクと斜めに切り、少しの水と塩とを加え重石をして二、三日間漬ける。鉈で荒く切り落とす理由は、切られるダイコンの表面積にあり、このような粗い切り方をすると、その切り口から漬け味がよく染み込むからである。

こうして軽く漬け上げたダイコンをざるにあげて水切りをしている間に、本漬け用の漬け汁をこしらえる。材料は出汁《だし》コンブ、シイタケ、鰹節のいわゆる「出汁の御三家」で煮出し汁をつくる。別に米麴をぬるま湯に浸して柔らかくしておき、また赤トウガラシも刻んでおく。これらがそろったらいよいよ本漬けで、まず漬け容器に水を切ったダイコンを底のほうにきれいに敷きつめ、その上から柔らかくなった麴、トウガラシ、焼酎の順にふりかける。この作業を何度もくり返し漬け込んでいき、最後に冷ましておいた出し汁を差し水として注ぎかけ、その上から重石をして終わる。

食べはじめは五日から一週間ぐらいでよろしく、酒の肴にしても茶請けにしても、ご飯のおかずにしてもよい。ところによってはダイコンのほかに甘柿を粗目に切ったものや、菊の花を入れて色どりをつけたものもある。

あるとき、秋田県の造り酒屋で、このなた漬けをどんぶり一杯出されたことがあるが、茶請けによいというのでパリパリポリポリと食べたら、そのうまさにどうにも止まらなくなり、そのどんぶりをたちまちのうちに空にしたことがあった。

壺漬け

ひるがえって今度は南の鹿児島の「山川漬け」。薩摩半島南端の山川町周辺の火山灰台地で栽培される桜島ダイコンを材料としたもので、その味や香り、色、特有の歯ごたえなどは「漬け物の王者」の風格が宿るかのようである。

山川漬けというよりは東京あたりでは「壺漬け」と称したほうが通りのよいこの漬け物は、じつに不思議なつくり方をする。まず、原料のダイコンを一ヵ月ほど干して水分をできる限り放出させる。干す前のみずみずしいダイコンが一キロであったとすると、一ヵ月間干し上げるとなんと一八〇グラムから二〇〇グラムにまで重量が減少してしまう。さらにそのダイコンを臼に入れて杵《きね》で搗《つ》いて、これでもかこれでもかと身を締めるあたりがすさまじい。その臼搗きのときには、海水をふりかけながら搗いていくのも奇妙で、これをおこなうと味に上品な甘味が出て身の締まり具合もよくなるという。

搗き上げたダイコンは壺の底から密に並べて塩漬けし、重石をしないで四〜六ヵ月間発酵と熟成をおこない、でき上がりである。これを削ぐようにして薄く切って食べるのであるが、ビニールの袋に入れられて市販されている壺漬けは、削ぎ切りしたものを甘醤油や調味液に漬け直したものが多い。特有の琥珀またはべっ甲色は、重石を使わない開放仕込みのため、つねに空気と接触することによって酸化されるためといわれている。

このところカレーの専門店に行ってみると、福神漬けの代わりにこの壺漬けを添えてくれる店が目立つようになったが、ライスカレーのソフトな感触に対して壺漬けのカリカリシコシコの感覚はあまりにも対照的であるから、それがかえって妙味となっているのかもしれない。

東京名産べったら漬けと福神漬け

東京の「べったら漬け」も有名なダイコン漬けである。前田安彦博士の『日本人と漬物』（全日本漬物協同組合連合会発行、漫画社）によると、「古くは滝野川産の九日（クニチ）大根をサメの皮でこすって甘みがしみ込みやすくしたのが東京産、ほとんど砂糖を使わず塩味の麴漬が和歌山産とわかれていましたが、大正以降全国的にみの早生、大蔵、理想大根を甘く漬ける現在の形になりました」とある。

べったら漬けは麴と砂糖を使って漬けた甘いダイコン漬けで、べとべととした漬け物なのでこの名があるという。そのつくり方は、皮むきダイコンを二度塩漬けにして柔らかくし、三パーセントの食塩、一五パーセントの砂糖とともに麴漬けしたものである。

一〇月一九日、東京日本橋の大伝馬町付近の路上に立つのが「べったら市」で、江戸時代からの習わしである。もともとは翌二〇日の夷講《えびすこう》のための夷像や大黒像、魚や野菜などを売る市であり、ここで麴漬けの甘いダイコンを売ったのが繁盛して、べったら市の名を生じたものである。

当時は、そのべったら漬けを縄でしばってぶら下げ、「べったら、べったら」と叫びながら人込みの中をまわり、着飾った婦女子がそれをつけられては大変とキャーキャーいって逃げるのを喜ぶような風習があったという。陰暦でこの日はべったら漬けの口開け日であったから、大いににぎわったのであった。さしずめ今でいうボジョレーヌーボーの解禁日のような状況だったのであろう。

「福神漬け」は、ダイコンを主体とした漬け物である。東京名産品の一つに数えられるもので、明治一八年（一八八五）頃、東京下谷の「酒悦《しゅえつ》」の主人野田清右衛門が考案し、製造したのがはじまりだといわれている。

その名は、七種の材料が用いられることから七福神に模して名づけられたということである。その材料はダイコン、ナタマメ、ナス、カブラ、ウリ、シソ、レンコンである。これらの野菜類を一定期間塩漬けしたのち水洗いし、塩出ししてから水を切り、全部の材料を合わせて調味液に漬け込んだものである。調味液は醬油とみりんの等量混合液に砂糖やうま味調味料などを適宜に加えて、一度煮詰めてできる。

福神漬けは調味液が秘伝だといわれ、製造業者がそれぞれのノウハウを持って調合している。また七つの材料は必ずしも決まっているのではなく、ウリやレンコンの代わりにショウガ、シイタケ、トウガラシ、白ゴマ、ウドなどを用いるところもある。ライスカレーにはよく合い、福神漬けのないカレーなんてネギのない鴨鍋になってしまうほどだ。

甘い味のダイコン漬けといえば、形もユニークで知られるのが「守口《もりぐち》漬け」である。岐阜県長良川流域に特産される守口ダイコン（美濃干しダイコン）を酒粕とみりん粕を混合した漬け床に漬けたもので、このダイコンは径が二、三センチであるのに対して長さが一メートル以上もあって、一本の紐のような形をしている。

漬け上がったダイコンは切らずにグルグル巻きにして容器に詰められるので、ユーモラスな感じがする。細長く、肉質が緻密であるためきわめて歯切れがよく、奈良漬けの詰め合わせには重要な品目となっている。名古屋地方の名産で、土産用としても販売されている。甘いので、ご飯のおかずや酒の肴というよりは、茶請けやきしめんを食べた後の口直しにうれしい。

梅干し

「梅干し」といえば、戦前派の人ならまず「日の丸弁当」を思い起こすに違いない。戦時中の苦難期や戦後の混乱期に、露営や勤労工場で、そして焼け跡の整地場で、四角い弁当箱の飯の中に梅干し一個を埋め込んだ質素な弁当を食べながら、苦難と欠乏を堪え忍んだ日本人。この赤い小さな玉こそ、粗衣粗食の日本人を支えてきた食生活の原点といってよいだろう。

梅は中国原産のバラ科サクラ属に分類される落葉小高木で、中国文化とともに、薬木として奈良時代に渡来した。平安時代の永観二年（九八四）に丹波康頼が著した『医心方《いしんほう》』には「烏梅《うばい》」としてその薬効が説かれているから、たいへん古くから、日本人は梅干しを重宝してきたことがよくわかる。

烏梅は「ふすべむめ」ともいい、梅の実を干していぶしたもので、色が黒ずんでいて香気が高く、腫れ物や下痢などの薬として、また染料にも用いられた。さらに禅僧は点心（茶請けや正食時の菜）として、武士は出陣や凱旋の兵糧として、また家庭では食べ物というより常備品として、大切に食べ続けてきた。

梅は塩漬けにすると、食塩の作用で浸透圧が高くなり、細胞の原形質分離が起こって梅の実から浸出液が出る。この液が梅酢で、平安時代・承平年間（九三一～九三八）の『和名抄』ではこれを「塩梅《えんばい》」とし、この塩梅がやがて「あんばい」と読まれて味加減を意味するようになった。この梅酢は当時、よほど重要な調味料であったのだろう。

塩漬けにした梅を、途中、シソの葉を加えて着色し、盛夏の晴天には梅酢から一度出して日干しし、ふたたび戻してしばらく置いた後、肉が柔らかくなったところで梅酢と分け、容器内に密封貯蔵して味をならす。塩漬けにしただけで干さないものはカリカリと果肉が硬く、これはふつう「梅漬け」と呼んで区別している。

梅干しの強い酸味（約四パーセント）の主体はクエン酸で、ほかにリンゴ酸やフマール酸を含んでいて、これらの有機酸は現代医学でも整腸や食欲増進、殺菌作用などに効果があるとされている。そのことを体験的に知っていた日本人は、梅干しをじつに上手に使ってきた。疲れると、元気回復にと食し、風邪といえば湯に溶いて飲み、子どもの食あたりには下痢止めによしと飲ませ、夏負けの防止にとしゃぶり、つわりによしと妊婦が好み、時にはこめかみに梅肉を張りつけて頭痛の特効薬ともした。

食べ物が腐りやすい時期には、弁当やおむすびに入れて防腐の効果も期待した。まさに、梅干しは日本人にとってオールマイティの万能薬的存在であった。

梅干しに薬効があるのは、梅から溶出してきたさまざまな有機酸のほかに、種子の核やシソの葉から溶出してきた快香をともなった薬効成分（芳香族アルデヒド類、テルペン系化合物、ペリラ化合物など）のためである。これらの化合物群は、前述したさまざまな症例のほかに、鎮咳、解熱、利尿、健胃、発汗、解毒、精神安定などに効果がある。

単に梅を塩に漬けただけでなく、そこにシソを加えて着色させ、見た目を美しくしようとした一方で、梅成分とともにシソ成分の薬理効果（鎮咳、健胃、解毒、防腐など）も併せて求めた日本人の知恵には驚かされる。

梅干しの都合のよいところは、何といっても長期間、保存のきく食品であることだろう。いつどんな時でも梅干し一個でご飯の二杯は食べられるから〝救荒食品〟としても重宝され、ことあるごとに日本人を守ってきた。

そのまま食べる人が大部分だが、果肉を裏ごししてそれを梅醤油、煎《い》り酒などにしたり、また菓子（飴や羊羹《ようかん》、饅頭など）の材料にもする。江戸時代に「梅びしお」というのがあって、これは塩抜きした梅肉に砂糖を入れてジャム状にしたもので、江戸人に人気の食べ物であったという。

子規の次の句は、庭いっぱいに梅干しやシソの匂いが広がっている光景を感じさせ、日本の原風景を彷彿とさせる。
「梅干すや庭にしたたる紫蘇の汁」

梅干しのつくり方

今は紀州和歌山の日高郡南部《みなべ》町や田辺市芳養《はや》あたりの梅干しが有名だが、とにかく日本を代表する漬け物といっていいほどポピュラーなものであるので、紀州のほかにもその名産地は多い。たとえば青森県、山形県、宮城県といった北のほうから、茨城県、群馬県、山梨県、神奈川県、静岡県といった関東や中部、福井県、石川県といった北陸、近畿、中国地方にもあり、九州では福岡県や佐賀県などにも梅の名産地があって、梅干しがつくられている。先日も神奈川県小田原市に行ったところ、そこは日本でも有数の梅干しの産地であることを知って驚いた。東京のこんな近くに一大産地があったのである。そこで見つけた梅干しづくりの概要をのべよう。

梅干しをつくるには、果皮が緑色からやや黄色みがかったものを選ぶ。青い未熟なものは風味に乏しく、また過熟なものは柔らかくなって形が崩れやすいので避ける。梅の実一〇キロに対して塩二・三キロを用意し、まず梅を半日ほど水に浸してアク抜きをし、それを水切りする。次に漬け込み容器に塩をまぶしながら漬け込んでいき、上からふたをして重石をかける。その状態で置いておくと二、三日して梅酢が揚がってくるから、それを取っておき、梅のほうはそのまま漬け込んでおく。

この間、本仕込み用の梅酢の調整をおこなう。梅重量で一割（一〇パーセント）の赤ジソ（一キロ）を水洗いし、塩でもんで出た汁を捨ててからこの赤ジソを、取っておいた梅酢の中に入れておくのである。梅酢はしだいに紅赤になってきて美しくなり、シソの匂いもついて芳香となる。

こうして盛夏の晴天の日を迎えると、梅の実を容器から出し、それを日干しする。昔は「三日三晩の土用干し」といって、昼夜を問わず干したが、今は夜間は梅酢に戻して翌日また干すか、梅酢に戻さないで家の中の土間などに広げることが多かった。こうしてとにかく三日ほど日干しをおこなってから梅酢に戻し、一〇日間ぐらい置いて果肉が柔らかくなったところで梅酢だけ別の容器に移し、密封して貯蔵し、熟成をはかる。半年後ぐらいで食べられるが、何年か貯蔵すると塩味や酸味が丸くなり、風格のある梅干しとなる。

カブラ漬け

カブラ（蕪）の漬け物の一種に「千枚漬け」がある。京阪地方、とりわけ京都が主産地であるが、今は全国各地でつくられている。漬け込まれるカブは京都の聖護院カブ、大徳寺カブなどが著名で、さらに近江の尾花カブ、大阪の天王寺カブも有名である。

原料カブの皮をむき、横に一、二ミリぐらいの厚さで薄く輪切りにし、薄塩で下漬けしてから甘酢漬けにしたものである。

こう書くと簡単なようだが、実際は非常につくるのがむずかしい漬け物であって、まず漬け樽の底にコンブを敷いて味を出し、みりん二升と麹一升とを合わせて一度煮立たせてから冷却したところへカブを一枚ずつ離して漬け、一週間後を漬け加減とする。樽出し直後の風味は格段のものがあるが、しばらく置くと変味しやすい漬け物なので、なるべく新鮮なうちに食べてしまうことだ。

私もこの漬け物が好きであちこちでよく食べてきたが、収穫時期や季節と気温の関係などから見て、一一月から翌年の三月までが旬と見ている。

カブラ漬けは全国に多く、甘酢漬け系の「赤カブ漬け」も有名だ。滋賀県高島町の赤カブ漬け屋さんに行ったときに、その赤色の美しさに度胆を抜かれる思いだったが、あの赤カブは「万木《ゆるぎ》カブ」であるとのことだった。

このほか、四国の松山市近郊の「緋《ひ》のカブ」、山形県の「最上赤カブ」「温海《あつみ》赤カブ」、岐阜県高山市近郊の「飛騨紅カブ」、鳥取県の「米子赤カブ」や「伯耆《ほうき》赤カブ」、北海道西南部の「北海赤カブ」などがよく知られたところで、あの赤い色はイチゴと同じアントシアン系のシアニジンという色素によるものである。

本格赤カブ漬けは塩漬けして発酵させ、主として乳酸菌による乳酸の生成によって鮮やかな発色と保存、風味付けなどをおこなっているが、最近は酢にみりんや砂糖、各種調味料を加えてつくった調味液に漬ける調味漬けが多くなってきた。

カブ漬けの中で異色なのが「すんき漬け」である。長野県木曽御岳《おんたけ》山麓の漬け物で、塩をまったく使わずに、乳酸発酵だけで腐敗菌を抑え、保存することに最大の特徴がある。赤カブの茎葉を湯通ししてから、前に漬けられたすんき漬けの一部を種（スターター）として加え、四〇度という高温で乳酸発酵させるのである。ちょうど酪農牧場に行くと発酵飼料であるサイレージの匂いを嗅ぐことがあるが、あの牧歌的匂いに似て、さらに酸味が非常に強い漬け物である。

この「すんき漬け」によく似た名の漬け物に京都名産の「酸茎《すぐき》」があり（前述）、また、カブ、ダイコン、高菜などの茎葉を当座に漬け、それを長く置いて古漬けにした「茎漬け」もよく似ている。それを漬ける桶を「茎の桶」と呼び、上に置く重石を「茎の石」というように粋な呼び方をした。

全国あちこちにこの漬け物は見られ、一一月から一二月の初め、霜に痛めつけられないうちに茎漬けを急いだという。とりわけ寒冷地では冬の保存食として重宝し、山形地方ではカラシナの葉茎を漬けて「ナッパ漬け」、信州では野沢菜や稲こき菜を漬けて「お葉漬け」といった。小林一茶の句にこんなのがある。

「茎漬の氷こごりを歯切り哉」

また、江戸のおもしろい川柳に「茎漬を食ひ半日歯をいじり」がある。

奈良漬け

「奈良漬け」はその名のとおり奈良県が本場の粕漬けである。原料のウリは皮の柔らかいのを若採りしてから食塩で下漬けし、その後、調合粕に数回漬け替えて中漬けをおこない、最後は本漬け用の粕に漬け込んで、五〇日ぐらいで漬け上がる。本漬け粕はウリ二〇キロに対して酒粕一〇キロ、みりん粕二キロ、焼酎〇・五リットル、砂糖一キロ、水あめ〇・五キロ、みりん〇・二リットル、食塩〇・一キロがだいたいの基本である。

原料のウリはシロウリが最上級で、守口ダイコンもよく使われる。またキュウリ、スイカ、ハヤトウリなどのほかナス、ダイコン、レンコン、タケノコ、ニンジンなども漬け込まれることがある。

五〇日の本漬けで食べられると書いたが、本格的なものは三年から五年ものまであって、べっ甲色から黒褐色になった古漬けの風味はすばらしい。

私の実家は造り酒屋で、今でも年一回自家用の奈良漬けを漬けており、一〇年前に漬けたものなどを漬け桶の底のほうの粕から掘り出してみると、もう黒光りがしてまぶしいほどである。それを食べるとカリカリシャリシャリと歯ごたえもよく、味はトロリとするほど上品な丸みと甘味を帯びていて、まさに漬け物の王様の風格がある。

奈良漬けにもっとも相性がいいのは何といっても鰻の蒲焼きや、鰻めしである。どんな鰻屋に入っていっても必ずといってよいほど奈良漬けが添えられる。本当によく合うから不思議だ。蒲焼きというのはだいたいにして甘く、それが奈良漬けの甘味に似ているから合うのであろう。そのうえ、鰻の生臭みを消してくれるので好都合である。

昔は一夜にしてできる早漬け法というのもあった。酒を熱くして粕に混ぜ、適宜に塩を加えてよく混和させたところに新沢庵を漬け、シソの葉を酒で洗って細かく刻んだものをいっしょに漬けると一日一夜で漬け加減よろしき奈良漬けができたという。奈良漬けは今ではほぼ全国各地でつくられている。

歴史の古い味噌漬け

味噌ができたときから「味噌漬け」はあるはずだから、その歴史は大変に古く、奈良時代まで遡る。保存がきき、味は濃くなるから日本人の質素なご飯のおかずにはうってつけで、はじめてつくられたときから今日まで、日本人がもっとも長くつき合ってきた漬け物のひとつである。

味噌にはダイコン、キュウリ、ナス、ヤマゴボウ、ミョウガ、ニンジンなどから魚や肉に至るまで、さまざまなものが漬け込まれてきた。もちろん全国各地にこの漬け物はあって、地域性はそう強くはないが、長野県と新潟県で生産量が多い。長年の貯蔵に耐えて二年、三年と年を経るにつれて美味になるが、早漬け法では、甘味噌または麹を加えた白味噌に材料を漬け、七日ぐらいで食べる。

私はウドの味噌漬けが大好物で、酒の肴には絶品だと思いこんでいるので、ときどき自分でつくって賞味している。ウドを五日間ほど軽く塩漬けにしておき、しんなりしたらそれを味噌の中に漬け込んで半月ぐらいしてから取り出し、斜めに薄く切って食べる。ウド特有の芳香が味噌の風格ある香りと一体化し、食べるとシャリッとして歯ごたえがあり、味噌の濃いうま味の中に少し感じる程度のウドからの甘味と苦味がじつによろしい。熱い飯のおかずにしたら、あとは何もいらずに三杯は平《たい》らげられる。

また、白味噌を用いるときには「ウドの西京漬け」をおすすめする。白味噌に砂糖を加えて好みの甘さにし、それに酒を加えて柔らかくのばす。別に皮をむいたウドの切り身をつくり、それを熱湯の中にさっとくぐらせてから白味噌に漬け込んで、五日ぐらいしてから食べるのである。こちらのほうは日本酒よりもウイスキーや焼酎によく合う。ほかにショウガ、ミョウガ、ナスの味噌漬けも酒に合う。

なお、味噌漬けが発達した反面、醬油漬けやたまり漬けがそう大きな発展を見なかったのは、味噌も醬油もたまりもともに、大豆発酵食品であり、香味が互いに近似しているために漬け床として使いやすい固形状の味噌が主に使われるようになったためであろう。

また、味噌に漬けると漬け上がりが美しい色合いになるのに対し、醬油は黒くなってしまって見栄えがよくなかったことも理由かもしれない。その上、醬油のほうは味噌に比べてかなり塩分が多く、その塩辛さのために敬遠されたのであろう。

しかし、栃木県日光市や千葉県野田市のラッキョウの醬油漬けや愛知県の各種たまり漬けなど、全国には醬油系漬け物の逸品がしっかりと残っているのは頼もしい限りである。

佐渡を含む新潟県全域は味噌漬け王国であるので、この地に行くと珍しい味噌漬けと出会うことができる。「菊の花の味噌漬け」もその例の一つで、「金唐松《きんからまつ》」と呼ばれる黄色の食用菊の花弁を摘み取り、塩で漬け込み、重石をして十分に塩漬けにした後、水気を絞り、布の袋に入れて味噌漬けにしたものである。菊の香りが味噌の匂いの中に微かに放たれていて、粋な感じのする味噌漬けであった。同じ新潟県でダイコン、ナス、メロン、ウリ、ゴボウなどを味噌に漬けた「ベッコウお味噌漬け」というものにも出会ったが、漬け上がったダイコンやウリ、メロンなどの透明なべっ甲色は、食欲を奮い立たせるものであった。

味噌漬けといえば、岐阜県の高山市や恵那市でもさまざまなものを食べたが、中でも「菊ゴボウ味噌」というのが印象に残っている。とにかくあのあたりには「山椒味噌」や「山菜のもろみ漬け」などいろいろあった。

山菜の中でもウドが味噌漬けに一番合うと思ったのは富山県の立山に行ったときで、そこで食べた「ウド味噌」という味噌漬けはじつにうまかった。あのあたりにも「黒部の山菜味噌漬け」「山ウド味噌漬け」「山ゴボウ味噌漬け」「山菜の糀《こうじ》味噌漬け」など、味噌漬けが多かった。

甘酢漬け

食酢に糖などの甘味剤を加えて甘くしたものに材料を漬けたものを甘酢漬けという。

「ラッキョウ漬け」はその代表で、サラダに使われたり、ライスカレーの添えものに使われたりと用途は広い。

通常一三～一七パーセントの食塩水に下漬けし、食用にするときに塩抜きして甘酢に一〇～一五日間漬けてでき上がる。甘酢漬けでない、昔おこなわれていた本来のラッキョウ漬けは、八～一〇パーセントの食塩水存在下に三週間ほど乳酸発酵をおこなったものである。

甘酢漬けのときの糖量は二五パーセント以上もあるので非常に甘いが、食酢の酸味、ラッキョウからのうま味などとあいまって、ちょうど快い甘味となるのである。

ラッキョウの名産地は福井県三国町の三里浜砂丘、鳥取県の鳥取砂丘のほか、徳島県、青森県、栃木県、茨城県などがある。

「ハリハリ漬け」は、ダイコンを主原料とし、ほかにキュウリ、レンコン、ナタマメ、シソの実、赤トウガラシなどを甘酢に漬け込んだもので、福神漬けと同じようであるが、ハリハリ漬けが酢漬けであるのに対し、福神漬けは醬油漬けである。とにかく非常に歯切れがよく、嚙むとパリパリというのでこの名前がついた。

寿司屋に行くと、口直しに出されるのが「ガリ」で、ショウガの甘酢漬けである。スライスしたものを食塩と酢と砂糖で調合した漬け液に浸してつくる。私がよく行くうれしい寿司屋が東京・台東区鳥越神社近くの通称「おかず横丁」にあって、そこのガリは味も形も色も、日本一のような気がする。

真っ赤な「紅ショウガ」は、ちらしずしやソース焼きそば、牛丼、お好み焼き、冷やし中華、豚骨ラーメンなどの薬味と彩りに使われるが、あれも酢漬け物である。

最近は「新ショウガ」と称した新しいタイプのショウガの酢漬けが人気を呼んでいる。

「桜漬け」という酢漬けもこのところ多く目につく。幕の内弁当の隅のほうに、ピンク色をした小さな漬け物が入っているが、あれがダイコンの酢漬けの桜漬けである。

三浦ダイコン、都ダイコン、日野菜などを使う。

京都の漬け物には名物が多く、酢漬けの一種である「しば漬け」はその代表的なものである。赤紫色の濃い色はシソの葉の色素によるもので、「紫色の葉の漬け物」なので「しば漬け」と呼ぶ。キュウリ、ナス、ショウガ、ミョウガ、シソの葉などを細切りして、梅酢を差し水にして三〜五パーセントの食塩で漬ける。酢漬けといっても梅酢で漬けるために、シソの赤がよりいっそう濃くなるのである。漬け込んでいるうちに乳酸発酵を起こすので、酸味はさらに強くなる。シソの葉を多く使うので（一〇〜一五パーセント）、香りが非常に高く、また漬ける材料の七、八十パーセントはキュウリであるので歯ごたえもよい。

アケビとヤマブドウの熟鮓

これまで全国各地に点在する有名な漬け物について述べてきたが、それほど名は広まっていなくとも名品の誉れ高いものやユニークなものも多数あるので、私がこれまで旅で出会った漬け物を中心にいくつかを紹介していきたい。

まず青森県弘前市の近郊の村で出会った珍しい漬け物の話からしよう。材料は熟したアケビとヤマブドウともち米であった。漬け物の名は漬けている地元の人たちでさえ誰もが知らぬというところが奇妙なのだが、私は一応「アケビとヤマブドウの熟《なれ》鮓《ずし》」とした。山から採ってきたアケビを一〇個ほど用意し、中の種子などは取り除いて皮だけにし、それを熱湯に通しておく。ヤマブドウは粒を房からはずし、きれいに洗って水を切っておく。もち米は洗ってから炊く(通常のうるち米を炊くよりも一割くらい水を多くして炊くとよいといっていた)。

もち米が炊きあがったら少し冷まし、そこにヤマブドウ(だいたい二〇〇グラム)と砂糖(大さじ七、八杯)、塩一つかみを加えてよく混ぜる。それをアケビの皮に詰め込んだものを、いくつもつくる。詰め終えたら漬け桶の底に詰め残ったヤマブドウ入りもち米の飯を敷き、その上にアケビを重ねて並べていき、一番上にももち米の飯をのせ、ふたをし、発酵させる。

秋に漬け込んで正月頃から取り出して食べるが、アケビは美しい赤紫色となり、じつに見事であった。それを筒切りにして食べたが、酸味がある中に甘味とアルコールの芳香もあり、珍しい風味の漬け物となっていた。もち米の飯もヤマブドウの紫色で美しく染められてまぶしいほどであった。塩が少ない割に変質や腐敗がないのは、ヤマブドウの酸味のためと乳酸発酵による乳酸のためであろう。

大館のとっこ漬け

「とっこ漬け」というおもしろい漬け物と出会ったのは秋田県大館市であった。秋田では漬け物のことを「がっこ」というが、こちらは「とっこ」である。「とっこ」とは、大館市や能代市といった県北地方で「シソの実」を指し、この漬け物はシソの実を多く使うことからこの名がついたのであろう。

家庭で手軽に一年中つくることのできる漬け物の一つで、シソの実とキャベツ、ニンジン、塩、醬油があればそれでよい。シソの実はだいたい一〇〜一三パーセントぐらいの食塩で塩漬けしておくと、アクが抜ける。使用するとき、水に漬けて塩抜きをし、キャベツとニンジンはみじんに切ってから軽く塩もみをしておく。シソの実二に対してキャベツが一、ニンジンは色どり程度でよい。これらの材料を混ぜ合わせ、上から醬油をかけて一夜置いてでき上がり。醬油をかける代わりに味噌漬けにしたシソの実を用いるのもよい。熱いご飯をご飯茶わんに盛り、その上にこの「とっこ漬け」をかけただけでほかのおかずは何一つ無用の感がした。

実は、そのとき大館市で飲み過ぎ、翌朝は少々二日酔いの気があって、食欲があまりなかった。これではいかんと思い、「とっこ漬け」を茶漬けにしたのが正解で、あっという間に食欲不振は解消され、この時も三杯ものとっこ茶漬けが胃袋めがけてすっ飛んでいったのであった。

「にしん味噌」と「粕なんばん」という漬け物には、正直いってそのあまりの美味しさに腰を抜かさんばかりであった。これは北海道旭川市にある酒造会社、男山の山崎志良常務の手づくりで、その酒造会社の販売部でまれに手に入れることができる。「にしん味噌」というのは、油で炒めた赤味噌に刻んだトウガラシを入れ、そこに身欠ニシンの細片を入れて熟成したもので、コク味のある味噌にニシンのうま味がのってきて、そこにトウガラシのピリ辛が追っかけてくるものだから、これをなめながらチビリチビリとやる酒はたまらなくうまい。

一方「粕なんばん」というのは、何年も熟成させた濃醇な酒粕にシソの実と刻みトウガラシを加えて寝かせたものである。酒粕の豊満なうま味とすがすがしいシソの実の快香とがうまく熟れ合って、酒の肴として絶品であった。この二つの漬け物は、古い歴史を持つ山崎家の家伝で、旧家にはこのように独特の漬け物が脈々と伝わることが多いのである。

「おみ漬け」という、山形県村山市の旧家で出された漬け物は実に素朴なものであった。ダイコン漬けや青菜漬けをつくるときに出る切れ端を捨てずにとっておいて、それを漬け物にしたのがはじまりという。昔、行商に来た近江の商人が教えていったというので、「近江漬け」が「おみ漬け」になったという言い伝えがある。なるほど手堅い近江商人のこと、野菜の切れ端まで漬け物にしてしまうとはすばらしい知恵である。しかし今はそういうものでなく、ちゃんとした材料を使っている。

そのつくり方は、水洗いした漬け物用のダイコンや青菜をよく干して、しなしなにする。ダイコンは一口大にそぎ、青菜はみじんに切り、ニンジンは縦四つ割りにしたものを薄く切る。これらの材料をよく混ぜ合わせ、そこにシソの実も加えて混ぜ、さらに食塩、醤油、みりん、焼酎を注いで、好みの味とし、重石をして一〇日ぐらいしてから食べる。漬け込む時にすき間なくびっしりと漬け込んでいくのが上手に漬けるポイントだということだった。

奇妙な名前の漬け物

福島県に行くと、どこでも「三五八漬け」というのがある。三五八とは塩三、麴五、蒸した米八の割合で合わせる漬け床の意味である。自由にいろいろな野菜が漬けられることと、料理で余った根菜の切れ端も漬けられるので便利である。今では漬け床の三五八がパックにされて市販されているから重宝だ。

材料はナス、ダイコン、キュウリ、カブ、ニンジン、ピーマン、セロリ、ミョウガ、ショウガ、ウドなどなんでもよい。容器に漬け床を入れ、材料が互いに触れないように漬けていき、上から重石をのせておく。すると、漬けた材料の水分が出てきて漬け床がゆるくなってくるから、そうしたら重石を取り、あとは落としぶたをするだけでよい。

福島県の中心都市郡山市では、秋祭りのときにカツオの切り身を三五八にまぶして漬け、一夜してから焼いて出す。こうすると、カツオの生臭みが消えるとともに漬け床のうま味がカツオにのって、とんでもないほど美味な焼きガツオになる。

東北地方の漬け物の話が続いたが、とにかくこの地方は漬け物の宝庫であるので、このほかにもいたるところで奇妙な名の漬け物と出会った。山形県の「ちょろ漬け」はチョロギ（長呂儀）の球根とキュウリ、シソの実、菊、ニンジンのみじん切りを漬けたもの。「ぺそら漬け」というのはナスを塩漬けにした後、塩分を抜き、脱色してトウガラシといっしょに再度漬け込んだものであった。「晩菊漬け」は晩秋の菊、ナス、ダイコン、シソの実、ニンジン、ワラビ、キュウリ、青菜、ミョウガ、トウガラシを塩漬けして乳酸発酵を施し、それをきれいに水洗いしてから刻み、梅酢と焼酎を加えてさらにひと月ほど漬け込んだ手のこんだものである。

岩手県に行ったときには「うれら漬け」というのにも出会った。春漬けはウド、フキノトウ、トウガラシ、ワラビなどの春の芽、秋漬けは出盛っているさまざまなキノコ類を材料にしたもので、春漬け、秋漬けともにニンジンを必ず入れる。これらの材料を塩に漬け、その後、塩を抜いてから好みに調味した漬け物である。

青森県の津軽では「南蛮漬け」という、素朴でありながら何かキラリと光るような漬け物に出会った。

「南蛮漬け」というと、よく知られているのは小アジや小さな川魚を油で揚げてから酢びたしした料理であるが、津軽のそれはれっきとした漬け物である。その漬け方を聞いてきたので以下に記す。一度塩漬けにしたナス、ダイコン、ニンジン、キュウリ各二〇〇グラムを細かいさいの目に切る。コンブ（長さ二〇センチぐらいのもの）を一枚用意し、それを軽く焼いてから手で粗くもみほぐす。次に赤トウガラシ（三本）の種を取り、それをみじんに切る。別にシソの実（カップ一）、麴（カップ一）も用意する。これらの材料を仕込みがめに入れ、塩大さじ二、砂糖大さじ二、日本酒カップ一、醬油カップ一を加えてよく混ぜ合わせ、密閉して一年経たものを食べる、ということだった。辛さがピリピリとせずにじつにマイルドになっており、漬けられた野菜にも発酵香があって、とくにご飯のおかずにしたらすばらしい漬け物であった。

なお、東北地方は全国有数の漬け物王国であると述べたが、それには理由がある。それは、冬が長く、その間、緑黄の野菜は姿を消してしまい、食物繊維やビタミン、ミネラルなどが摂取しにくい。そこでひと冬中の大切な保存食として漬け物を漬けておく。それを食べることにより、食物繊維は十分に摂れ、ほかの微量栄養素もしっかりと得られるのだ。東北地方以外にも冬が長く寒さの厳しい地域、たとえば信州や越後、飛騨、北陸といった地方に漬け物文化が色濃く残っているのもそのためなのである。

また、全国を旅していると、漬け物の種類の多さに驚かされるが、人の名前や歴史上のできごとなどがそのまま漬け物の名前になったものも少なくなかった。

たとえば「わさび漬け」で有名な静岡県の清水市では「次郎長漬け」という、ワサビ漬けの中にダイコン、キュウリなどを漬け込んだ漬け物と出会い、三島市では「農兵漬け」という、ワサビ漬けの中に塩漬けの沢庵、シロウリ、キュウリなどを漬けた漬け物とも出会った。農兵とは平時は農事に従事し、ことあるときは武装して戦う兵士のことで、江戸末期に幕府や諸藩で実施した制度である。

先ほど「三五八漬け」のことを述べたが、使う材料の配合割合をそのまま漬け物名にした例もほかにいくつかある。青森県弘前市に行ったとき、「三升漬け」に出会って、その美味しさが忘れられないので、少し述べておく。

「三升漬け」の名の由来は、青トウガラシと醬油、麴をそれぞれ一升ずつ使い、合わせて三升となることからつけられたものである。青トウガラシは種を抜き取ってから輪切りにし、漬け込み用のかめにこの青トウガラシと麴と醬油をそれぞれ同量ずつ入れ、混ぜ合わせてから密閉しておき、一年ぐらいして味が熟れてきたら食べられる。そのまま嘗め味噌のようにして酒の肴にしたり、熱いご飯の上にかけて食べるのだが、とりわけご飯のおかずにすると、そのピリ辛さと麴の上品な甘さ、そして長い月日に醸された発酵香などが複雑に迫ってきて、ご飯がどうしても止められないほどの食欲が出るのである。

この三升漬けを布で少ししぼって醬油状のタレを得てから、これをおひたしや刺身のつけ醬油にすると絶品である。

3 漬け物徒然草

日本人は食生活において、いかなる時代でも漬け物をないがしろにしたことはない。長い歴史の中で、漬け物に限りない愛情とあこがれを注いで育て上げてきたのだ。ここではその日本の漬け物について私が感じていることをエッセイ風にいくつかつづってみたい。

「雅香」か「合香」か――漬け物の匂い

「香の物」とか「香々」ともいうように、古来日本人の食卓で匂いをつねに独占し、長い歴史の中でいつも食香の中心的話題となってきたのが漬け物である。

ところで、香の物といえば、秋田県に行くといろいろな香の物、たとえば普通の干しダイコンを糠漬けした沢庵漬け、漬け込む前に煙でいぶしたいぶり沢庵、キュウリ、ゴボウ、ニンジン、セロリ、ナス、ウリ、葉物などの糠漬け、また珍しいものに小さな柿の実（柿が実をつけ、ちょうどピンポン玉ほどになった青い実を採って漬け込む）の漬け物など多種多様の香の物を重箱や大皿に盛り込んだ、名物の「がっこ」を楽しむことができる。

聞いてはいたものの、がっこを横手市の旧家ではじめて出されたとき、その色がじつに美しかったこと（ニンジンの赤、カブの白、ダイコンの黄、菜や柿の実の緑、ナスの紫がまことに鮮やかであった）を私は今でも鮮明に覚えている。これを見たとき、なるほど香の物が一つの器の中に詰め合わさっているから「合香《がっこ》」というわけだと一人で都合よく決めつけて、それから今日までの二〇年、これを信じていた。

ところが先日秋田に行ったとき、現地の人に「がっこのいわれは何だと思いますか」と問われて、すかさず「いろいろの香の物が一つの器に合わせて盛ってあるからでしょう」と、さも物知り顔に答えたら、「いやいや、雅《みやび》やかな香りから来た雅香ですよ」と得意満面で答えられてしまった。しかし負け惜しみではないが、私には今でもがっこの語源については確たるものがなく、心の中で「合香合香」と叫んでは、秋田のみならず旅の先々でいろんな種類の漬け物を楽しんでいるのである。

梅干しと条件反射

梅干しは、日本人のもっとも身近な漬け物で、春夏秋冬いつでも手を伸ばせばそこにある一般的な食べ物である。

ところがこの梅干しというのが日本人にとってはじつにおもしろいもので、この言葉が耳から入ったとたん、目で見たとたん、舌の裏にある唾液腺から唾液が自然に分泌するという生理的条件反射を生じさせる。私が実験したところでは、目隠しをして何も見えないようにした人に、湯で薄く溶いた梅干し肉の微かな匂いを嗅がせてもこの条件反射が瞬時に起こるから、耳、口、目、鼻のどこででも梅干しは日本人をその気にさせる、そんな力を持った偉大な漬け物ということになる。

気をも引き締めるあの酸っぱい匂いはベンジルアルコールが主で、これにフェニルエチルアルコール、メチルパルミテート、フルフラール、ベンズアルデヒドなど特有の芳香成分および刺激香成分が混在して成り立っている。

ところで梅干しの健康的香りを一年中手元において、好きな時、いろいろな料理にふりかける楽しみ方はあまり知られていない。梅漬けしたシソの葉を日光で十分乾燥させ、これをもみ、粉にしたもの（「ゆかり」という）で、不思議なことに何年たっても梅干しの匂いが強く残っていて保存がきく。これを夏、食欲の落ちたときにご飯にふりかけるか茶漬けにすると、梅干し本来の匂いと日光の香りが一風変わった健康的な香りを生み出してくれて、とたんに食欲をそそること請け合いである。また和え物にも大変よく合うし、夏の発汗の後や夏バテに、これを少量湯に入れて飲むと、不思議に元気づけてくれるような匂いが立ち上り、気分爽快となる。さしずめ今流行の芳香療法（アロマテラピー）の一種と考えてもよかろう。

滑稽ともいえる沢庵の匂い

梅干しに次ぐ日本の代表的な漬け物は、ダイコンを原料とした沢庵漬けだろう。沢庵漬けの匂いははなはだ強烈なもので、ひと昔前、熱いご飯の弁当の隅に二、三切れ入れてバス通学や汽車通学したとき、沢庵から発生するあの特有の匂いがその周囲に漂って、何となく困った経験を持つ人も少なくあるまい。あの匂いは、硫化水素やメチルメルカプタン、エチルメルカプタン、ジスルフィド、ジメチルジスルフィドなど、主に揮発性硫黄化合物群で、この群は、微量の存在でも驚くべき小数値の刺激閾値（人が匂いを感じることのできる成分の最小の存在値）を持ち、強烈な匂いを生む。

これらの成分は人間の屁にも存在して特異な匂いを放つが、ダイコンには他の野菜や食物に比べて多くの含硫化合物が含まれていて、これが糠漬け工程で乳酸発酵を主とする微生物の作用によって分解をうけ、多種多様の揮発性含硫化合物に変化して飛散するから、強烈な匂いとなるのである。

先日、帰りの満員電車の中で久しぶりになつかしきダイコン漬けの匂いを嗅いだ。私のすぐそばのご婦人がどうも落ち着かぬ様子で、しきりとその匂いを気にしているらしく、どうやら勤め帰りにスーパーで、沢庵を丸ごと一本買ってきたのであろう。たぶん、ごていねいにも糠味噌までつけて新聞紙に包んだ程度の、強い匂いであったから、すぐにその周りは屁の、いや沢庵漬けの匂いが漂い、満員電車の揺れにまかせた空気の波はさらにこの匂いを広げる。こうして少々おだやかでない車内の匂いとなって、今度はそのご婦人までもが「いったい誰が買ってきたのかしらん。迷惑な！」とでもいわんばかりに、あたかも被害者であるかのようなしぐさで周りをキョロキョロする。時として沢庵漬けの匂いはかように滑稽な匂いでもある。

わが家の珍味その一——板コンブの味噌漬け

漬け物といえば、私はある三つの漬け物をわが家でつくって楽しんでいる。その匂いと味と色は大変にけっこうなものなので紹介しておこう。

まずは板コンブの味噌漬けである。昔からの造り酒屋であった私の実家では、昭和四〇年頃までは蔵人たちの手で二年に一度味噌を仕込み、いわゆる手前味噌をつくっていた。蔵人たちが酒造期間中に消費する味噌の量はかなりのものであったから、いつそのこと自家醸造してそれを使おうというわけで、大きな桶に毎年五、六百キロは仕込んでいたのだった。

今ではでき合いのものを買っているから、その当時の手前味噌は私にとってなつかしい昔の味となってしまったのだが、私の母や父や姉（兄嫁）は味噌の仕込みのとき、決まっていろいろな漬け物の具を入れて漬け込んだものだ。二年して味噌を取り出すとき、ダイコン、ゴボウ、ニンジン、キュウリ、ナス等々、完全に漬け上がったいろいろな味噌漬けが中からゴロゴロと現れてくるのは大変楽しいものだったし、味わい深い匂いを持っていて、熟しきった漬け物であった。

さて、仕込みを終えて味噌桶にふたをする直前、大変におもしろい作業があって、それが今でも忘れられない。北海道のコンブ問屋から、かなり肉厚で幅が広く真っ黒けの板コンブが木の箱に詰められて五箱送られてくる。その板コンブを味噌の中に、次から次へと突き刺していくのである。いたるところにどんどん突き刺し、五箱分全部のコンブが味噌桶に納まると、ふたをしてからその上に石をいくつかのせて作業を終えた。コンブをあちこちに突き刺す奇妙な作業がおもしろく、今でも思い出に残っているというわけだ。

さて二年が過ぎると、その味噌は発酵も熟成も終えて、風味豊満になりきったので使用するということになる。ふたを開けると、あんなに黄色かった仕込み直後の味噌はしっかりと琥珀色に変身して、静かに息づいているかのようだった。実家の味噌をほめるなんぞ手前味噌もいいところだが、ひいき目抜きでその味噌は本当にうまかった。それもそのはずで、あれだけ大量のコンブを突き刺したのだから、コンブから奥の深いダシが湧くように出てきて、まずかろうはずはない。

ところがじつは目的はコンブのほうにもあって、こちらのほうはそのあまりの美しさのために声も出ないほどになっている。味噌のうま味をじっくりと吸って、味噌のあめ色をしっかりといただき、透明感を持った光沢があり、上品なべっ甲色とも、黄金系の琥珀色とも表現できる巨大な一枚のコンブとなっていて、まさに圧巻であった。長さ五〇センチ、幅一五センチ、厚さ一センチ以上もあろうこのコンブの味噌漬けの弾力は、手で押すとむっちりと返ってくるほどの心地よさである。

この味噌漬け用のコンブは大変に堅くて、そのうえ、肉厚幅広の本場ものと聞いており、これをよく「かしいた」と呼んでいたことを記憶している。おそらくこのコンブの形状から察するに「乾板」とか「堅板」のような言い方なのだろうが、この味噌漬けを細く千切りにし、熱いご飯の上にのせただけで、もう食欲を抑えられないほどの香りが立ってくる。お茶漬けにしてもこれがあればあとは何もいらないほどの上機嫌となる。味噌にはコンブのうま味をつけ、コンブには味噌の味と色と香りをつける。まさに一石二鳥の抜け目のなさをさりげなくおこなっているあたりに、昔の人たちの奥義が見て取れるのである。

昔あったそういう幻の漬け物が、今はほとんど姿を消してしまったことは残念なことだ。琥珀色やべっ甲色をした、そのような漬け物を「堅板の味噌漬け」などという昔調で復活させでもしてみたら、大いに売れることだろう。私はこのコンブの味噌漬けを三年に一度、小さな器で漬けており、当時のままの味とはいえないにしても昔なつかしき匂いと味と色を楽しんでいる。

わが家の珍味その二――卵黄の味噌漬け

私の生家の漬け物のうち、第二の珍品は卵黄の味噌漬けである。これは手軽で誰にでもできるし、漬け込む期間も一〇日もあればよいから、ときどきつくって楽しんでいる。つくり方は味噌が少し柔らかくなる程度に食塩水（一〇パーセント程度の食塩濃度がよい。すなわち食塩二〇グラムを二〇〇ミリリットルのコップに入れ、これに水を注いでコップいっぱいまで入れた溶液）を加えてよくかき混ぜる。容器はボウルやタッパーなどなんでもよい。別に卵を割って卵黄と卵白を分けておくが、このとき、卵黄はつぶさないように注意して丸い形のまま取り出す。次に容器に入れた味噌にスプーンや箸などで底のほうまで穴をあけ、この穴に卵黄を静かに落とし込んでから、その上を今一度静かに味噌でおおって穴をふさぐ。卵黄の丸い形を崩さずに漬け込むのがコツだが、だいたい誰にでもできる。

このようにして数個の卵黄を漬け込んで一〇日もたつと、卵黄は丸い形のまま固まっているから、これを味噌の中から掘り出し、包丁で薄く切ってから熱々のご飯で食べたり酒の肴とする。色は見事に透き通ったあめ色で、味噌の味と香りが中まで染みわたっているので、卵の生臭みはなく大変美味である。ちょうど筋子かイクラの味に似ている。

なぜこの卵黄の味噌漬けがうまく固まるかというと、これは卵黄をつつむ膜が一種の浸透膜の働きをしていて、卵黄の水分が外に引き出されるとき、その交換として味噌の濃いうま味と香りが卵黄に引き込まれること、また味噌の多量の食塩は同時に卵黄のタンパク質を変性して固めてしまうためである。読者の中にはこの卵黄の味噌漬けを食した人（大分県豊後地方では卵黄の味噌漬けを食する機会が多いと聞いた）がいるかもしれないが、まだの人がいたら一度試作をおすすめする。熱いご飯に、そして酒の肴に合う簡単で豪華な珍味が味わえるのですから。

わが家の珍味その三――豆腐の漬け物

私が楽しんでいる自家製漬け物の第三は、天然の真紅が鮮やかな豆腐の漬け物である。この漬け物はそもそも私が数年前飛騨に旅したとき、立ち寄った農家で出されたもので、最初はあまりに美しい色なので食べるのも惜しく、見とれたものだった。この漬け物は木綿豆腐を湯で煮て固め（煮ないで漬けるところもあるという）、これを適当な大きさに切って陰干しし、水分を飛ばして固めておき、梅干しを漬け込んで用の終わった真紅の漬け汁（梅酢）に一年間漬け込んだものだということであった。あまりに鮮やかな天然の緋色が目にまぶしい。

この豆腐をさらに薄切りにすると、切り口の一番外側はまさに真紅で、中心部に入るにしたがってその色がやや薄くなって紅桃色、そして桃色、白桃色と変化して、最後の中心部は白色と、色相が区別されているからなお美しい。

さてその匂いはといえば、これが豆腐かと疑うほど完全に梅干しの匂いとなっていながら、味のほうはまったくもって梅干しではない。何とも変な漬け物なのである。一度漬けた汁で、また別のものを漬け込むなどという珍しい漬け物だから、名前はまぎらわしいが、正しくいうならば「豆腐の梅干し漬け汁漬け」とでもいおうか。

私は生来、酸っぱいものにそう強くはなく、梅干しはその代表格であるから、これが「豆腐の梅干し漬け汁漬け」であることがわかったとき、思わず舌下腺からの唾液分泌旺盛となったのだが、せっかく出されたものであるから口にせぬと失礼であるし、そのうえ自称「味覚人飛行物体」としてみれば、初めて出された珍しい漬け物を味わわぬのは一生の恥と思い、食べてみた。ところがどうであろう。酸っぱいはずのこの漬け物、その酸味は弱くて普通の梅干しの味にはほど遠い。そのかわり豆腐のコク味が舌にのって、これが心地よい酸っぱさに感じられて乙な味であった。

この赤い豆腐はなぜ思ったより酸っぱくないのかというと、これには高等な味学の理由がある。というのは豆腐のようなタンパク質の多い食品には、舌で感じる味の強弱を左右する作用を持つ緩衝能という物性があって、その作用のために酸っぱさを舌に強く感じさせなくしているのである。大きな緩衝能を持っている鰹節を混ぜ合わせた梅干しがさほど強く酸味を感じさせなくなることは、この例の一つである。

豆腐ようの魅力

豆腐の漬け物の話をしたついでに、沖縄名産「豆腐よう」のことを述べよう。豆腐ようの「よう」には「餅」という字が当てられており、とにかくコク味を最大の特徴とする豆腐の漬け物である。泡盛の肴にこれをチョビチョビと箸でとって口に入れ、それを追っかけるようにしてアルコール度の強い泡盛の古酒《クース》をコピリコピリと口に含むと、役者は互いに不足がないので似合いの味となり、まことにけっこうなこととなる。

そのつくり方は、まず豆腐を指の一節くらいの厚さに切り、塩をふって布巾をかぶせて陰干しにする。水気が飛んで表面が乾いてきたら直径二センチくらいの正方形に切り分け、ふたたび表面が乾くまで二、三日かけて陰干しする。この間に漬け汁をつくるが、それは紅麹《べにこうじ》（紅麹菌の胞子を蒸した米にまいて製麹《せいきく》したもので、鮮やかな紅色を呈している）を泡盛に一夜漬けておいてからすり鉢ですりつぶし、ドロドロとなったものに好みで塩、砂糖を加えて調味したものである。

こうして二、三日陰干しした豆腐は泡盛で洗ってから漬け汁の入っているかめの中に漬け込んでいく。二ヵ月くらいから食べられるが、あわてない、あわてない。じっくりと六ヵ月くらい発酵、熟成をかけて完成させたものは風格があって絶妙である。長時間発酵させると、紅麹からはさまざまな酵素が出てきて豆腐を柔らかくするとともにうま味をつけ、また熟成も進んでマイルドになるのである。

こうしてでき上がった豆腐ようは美しい紅色となり、さらにその味はチーズよりもいっそうコク味と深みを持って美味となり、また香りも特有の芳香に仕上がっている。まさに「東洋のチーズ」の王者といえる風格を持っている。

沖縄では、これを小さな皿にのせ、泡盛の肴として重宝している。大変にタンパク質に富み、泡盛のようなアルコール度数の高い酒にあっては胃壁の保護や肝機能の活性化に効果があるとされている。沖縄にはこの豆腐ように一種の信仰のようなものを抱いている人もいるくらいで、あの紅い神秘的な豆腐の漬け物を健康保持のためにチビリチビリと毎日食べている人が多いのである。

焼いて食う漬け物・へしこ漬け

あるときはリカオン、時にはブタ、この間はハイエナ、先だってはタスマニアデビルにたとえられるほど、貪欲で食いしん坊の私でも、年に一、二度食欲が落ちることがある。「鉄の胃も疲れ気味なのかなあ」などと思いながらも、翌日には胃袋あたりがグウグウいって食欲が元に戻るから心配ない。

食欲が落ちたときでも、何か食ってやろうという気力だけは絶対に落ちない。そんな時、ある漬け物を焼いて食べると、あっという間に食欲が回復、ご飯が胃袋にすっ飛んで入っていく。

焼いて食う漬け物？

「へしこ漬け」がそれだ。サバ、イワシ、ニシン、フグなどを糠漬けしたもので、主に福井県、石川県、富山県あたりの北陸の産。相当古くから食べられてきた保存食品だ。野菜の糠漬けと同じ感覚で魚を漬けておくもので、家々で伝承されてきたが、今では鮮魚店やスーパーでも売っているから重宝だ。

姿のまま臓物を除き、よく洗って水気を切る。食塩をふりかけて三時間ぐらい桶に漬け込んでから取り出す。別の桶に塩と赤糠を合わせ、それを米のとぎ汁で練って漬け床をつくり、そこにその塩魚を漬け込んでいき、上から重石をかける。一夜たち、揚がってきた汁を取り去る。こうして発酵、熟成、貯蔵しておくわけだ。

糠を落としてから軽く焼けば、酒の肴やご飯のおかずによく、また、薄切りしたものを酢や酒、みりんなどに浸してから食うのもうまい。

私の大好物はなんといってもサバのへしこだ。三〇センチは優にあろうと思われるサバの糠漬けを見ただけでよだれが出はじめ、糠を除いて軽く焼いたものの焼き上がり加減を見、煙に混じって出てくる匂いを鼻でかぐ時はもう、よだれが滝のようにドウドウと出て止まらない。焼いたサバの巨大へしこを大きな皿の上にデンと一匹のせ、ご飯茶わんに熱いご飯を盛って脇に寄り添わせ、しばらく眺めているだけでも、驚くほどの食欲が湧き上がる。そのサバのへしこに箸をつけて、少し皮が焦げて溶けた脂肪と一体となったあたりをむしり取り、それを熱いご飯の上にのせて食らう。あとは何も申しません。ただただ超美味。

へしこ漬けはしょっぱいので、ほんの少々でご飯は何杯でも食える。残ったへしこはそのままとっておき、次の食事にまた出して楽しむ。お茶漬けにしても腰がぬけるほどうまい漬け物である。

余呉町の「活鮎のへしこ」

へしことといえば、滋賀県余呉《よご》町という小さな町で、すばらしい淡水魚の糠漬けに出会った。すなわち「活鮎《いきあゆ》のへしこ」である。余呉町には「魚卵の熟鮓」というものもあり（第四章で詳述する）、この二つの淡水魚の漬け物を見ただけでも、近江の国の発酵文化の奥の深さをしっかりと感じたのであった。

余呉町には余呉湖という湖があって、琵琶湖と賤ケ岳《しずたけ》を挟んで隣りあっているが、つながってはいない。その余呉湖にはアユがいないので（その代わりにワカサギ、コイ、フナ、モロコ、ウナギ、ナマズ、ギギ、手長エビは豊富）、原料の調達は隣の琵琶湖で、とにかくまずこれをピンピンと活きたままで手に入れなければならない。時期は七月から八月である。

琵琶湖は日本一大きな湖なので、そこに群れるアユをとる方法もスケールが大きい。馬力の強いエンジンを搭載した漁船の先端に、大きな漁網を広げて固定し、吊り上げておく。船のマストの上に見張り役がいて、アユの群れを見つけると操舵役にその位置を知らせ、船は全力でその群れに突っ込む。そのとき、吊り上げておいた網を水面の下のほうに降ろして突入していくものだから、アユは一網打尽にその網の中に収まってしまう。

琵琶湖ならではの漁法であり、私もこの漁を現地で見たことがあるが、吊り上げられた網の中に、アユの群れが大きなひと塊となって何千匹も入っていたのには圧倒された。琵琶湖のアユは成長しても最大一〇センチぐらいの小ぶりであるだけに、身はよく締まっている。

さて、「活鮎のへしこ」（「へしこ」とは魚の糠漬けのこと。前述）を実際に見せてくれたのは、余呉町の町会議員山根実氏。朝五時に、西浅井町の大浦港にピチピチのアユを買いに車で出ていくところからはじまる。前日に漁師さんに予約を入れておくと、手に入るわけだが、その活アユを何キロも樽に入れて買って戻ってきて、すぐに自宅で漬け込み開始である。漬け桶が仕込み容器で、その底にウドの葉を敷き詰めておく。

まず活アユを桶に入れ、それに対して半分量の塩をドッと加えたときがすごかった。アユは突然、塩をまぶされて大パニックとなり、桶の中で音を立てながら「ワーッ」と猛烈に跳ね踊る。すさまじい光景である。そこにすかさず米糠をアユの倍量加えて、アユ、塩、米糠の三つをよく混ぜ合わせる。そのうちに、ピチピチと元気だったアユは静かになり、息絶える。この三種混合物を手でしっかりと固めるように桶の底から漬け込んでいき、最後に最上部にもウドの葉をのせるのである。

また、モウソウ竹の皮を水に漬けて戻したものを桶の内側に張り、さらに稲わらを編んだ縄をその桶の内側に沿わせてグルグルと回し置いていくなど、秘術もいくつか見せてくれた。あとは最後に漬け桶にふたをして、その上に重石をのせて二、三年間（長いものでは六年ものもある）、発酵、熟成させてでき上がりである。

さてその味だが、これは絶妙の珍味であった。奥の深いうま味とさわやかな酸味、いく分かの渋味と苦味、熟れた塩味などが、発酵と熟成によって一体化し、たいそうすばらしいものであった。酒の肴にしても、茶漬けにしてもよく、フナの熟鮓にはない、特有の上品さがうれしい。匂いは「へしこ」特有の、郷愁をくすぐる発酵香であった。

漬け物は整腸剤

さて、日本の漬け物には日本人の知恵が数多く盛り込まれている。糠漬けを例にしても、糠はビタミンB群の宝庫であるから、脚気《かっけ》や体力の衰え、疲労といったB群欠乏症の予防を担っていた。これは米をついて出た副産物の糠から、漬け物の風味を高めるとともに栄養素まで摂取しようとしたしたたかな生活の知恵である。

また、糠床や味噌や醬油もろみに野菜を漬けておきさえすれば、食べたい時にいつでも食べられる便利さは、質素でそのうえ食事に時間をかけたがらない日本人にぴったりであった。

知恵者の日本人はまた、漬け物が腸内で体によい働きをする微生物、とりわけ乳酸菌をその腸内で増やすのに大いに役立つものであることを、体験的に知っていた。野菜には、もともと乳酸菌がついていて、漬け物をつくるとき、食塩に対して抵抗力の強い乳酸菌はその漬け床で盛んに繁殖する。人がこれを食べると、漬け物から入った乳酸菌の一部は腸に到達し、そこで活発に増殖する。そのため、腸内は体によい乳酸菌で占められるようになり、腐敗菌や異常発酵菌などが腸内に侵入しても、その繁殖を抑えたり排除したりすることができるのである。

そのうえ、有益な乳酸菌が腸内で多くなると、彼らはそこで多種のビタミンを生合成してくれるから、日本人はこれを腸から吸収し、体の働きのために役立ててきたのだ。だから昔の人は、漬け物を食べるとき、漬け上がった野菜だけを食べたのではなく、二日に一度は漬け床を水かぬるま湯に溶いて飲んだという。糠味噌などはまさに整腸作用のある乳酸菌の宝庫であり、あたかも、西欧人がヨーグルトや乳酸飲料を飲むのと、そう変わらないことを知っていたかのようである。

そういえば「腹の具合が悪くなったら、くさやの漬け汁をぬるま湯に溶いて飲む」と語ってくれた伊豆七島・新島《にいじま》の古老の話や、東北の山間で聞いた、キノコの塩漬け汁をやはりぬるま湯で割って飲むという風習は、「ぬるま湯」が微生物を殺さないためであると考えると、いずれも有益な腸内細菌を体内に送り込む、整腸剤としての知恵だったといえよう。

第三章　漬け物の民族学——外国の漬け物

1　中国も漬け物大国

民族ごとに異なる漬け物

中国は世界第四位の国土を持つ国であるから、北と南、東と西とでは気候風土はまったくといってよいくらい異なる。したがって漬け物の主な原料となる野菜も地方によって非常に大きな特徴を持っている。そのうえ中国は多民族国家でもあるので、それらの民族にはそれぞれに異なった漬け物がある。

私が北の黒竜江省斉斉哈爾《チチハル》市の市場で見た漬け物と、南の雲南省西双版納《シーサンパンナ》の中心地・景洪《ジンホン》市の市場で見た漬け物とでは、まったくもって比較できないほどの違いがあった。北は冬季に厳寒を迎えるからそれに備えた保存食としての漬け物が大切となるし、南は年中暑いので漬け物も早く仕上げて食べてしまわなくてはならないという背景があるためである。

それから、中国は大昔から塩辛や熟鮓《なれずし》が非常に発達していた国でもあるので、魚介や獣肉などの漬け物もやたらと多い。このように多様な気候風土と多民族国家、そして野菜以外の漬け物もさまざまといった国であるから、漬け物の種類はじつに多彩ということになる。

また中国の漬け物の特徴は、使う塩にもある。中国は大国でありながら全国境線（国土）に占める臨海接地距離（海岸線）の割合が小さいので、漬け物に不可欠の塩の調達もなかなか大変であるだろうと多くの読者は考えるであろうが、じつはそうではない。この国は山東省の膠東《ジャオトン》のように、古くから巨大な岩塩産地があり、規模の大小はあるがそのような岩塩採取地が内陸部に点在している。さらに、写真にも示したように、塩湖（塩の湖）が国内にいくつかあり、そこからも大量の塩が掘り出されている。すなわち、海から採る塩よりも、はるかに内陸地の塩を多く使っている点が、他国の漬け物と大きな違いを見せている。

真っ白い神秘の湖「塩湖」。中国内陸部にはこのような塩湖がいくつかある（中国新疆ウイグル自治区で）

中国の漬け物を分類すると

先にも述べたように、賈思勰による『斉民要術』が中国の漬け物を記した最初だというが、実際にはさらにもっと古い時代から漬け物は食べられていたと見る人が多い。私もそうだ。

その『斉民要術』には日本でいえば塩漬け、酢漬け、醬油漬け、酒漬け、味噌漬け、糟（粕）漬け、麴漬けなどが記されている。

中国では漬け物のことを「醃菜」というが、分類学的にいうと日本では総論的にはまず漬け物があり、その下に糠漬けとか味噌漬けというような各論があるのと同じく、中国でも醃菜の下に鹹菜（塩漬け）、醬菜（醬油漬け）、糖醋漬菜（甘酢漬け）、酸菜（乳酸発酵漬け）などがある。

中国の漬け物はこのように分類していくとじつに種類が多い。それは、多くの民族がそれぞれに固有の漬け物を持っていることと、さらに中国では、日本の漬け物のようにそのまま食べるよりも、炒めたり、煮たり、スープの具にしたり、材料の一部になったりといった例のように、料理の分野でも広く使われているからである。

このことについて私が中国の旅をしていて感動したのは「満漢鍋」という料理だった。「満」は満州族、「漢」は漢族のことで、昔はこの両民族は対立したことが多く、そんなことではいけないというので、鍋の中で一つとなって、ホットな関係をつくろうというのが、この鍋のはじまりだということだった。

それは、大きな鍋に白菜の塩漬けを二つ割りまたは四つ割りにして入れ、その鍋に張る汁はその白菜を漬けたときに出る塩汁をとっておいて用いていた。この白菜を煮ると、発酵した白菜から品のいい酸味とうま味が出てくる。別に、竹串に豚肉やイカ、エビ、ギンナン、豆腐などを刺し、それを白菜鍋の中に差し込んで煮て食べるものであった。酸味をともなった白菜の汁の中に、さまざまな具が串に刺されて入ってくるのでじつに美味で、中国の漬け物の多様さを実感するものであった。

ここで中国の代表的漬け物を整理すると、だいたい次のようになる。

【塩漬け】 鹹大頭菜《シェンダートウツァイ》（大頭菜の茎の塩漬け。そのままか、炒める）、冬菜《ドンツァイ》（白菜とニンニクの漬け物。スープにする）、鹹辣白菜《シェンラーバイツァイ》（白菜の浅漬け）など。

【醬油または味噌漬け】 辣菜（塩漬けダイコンを細切りし、トウガラシ醬油漬けにしたもの）、香菜心《シアンツァイシン》（菜心の茎の醬油漬け）、醬瓜《ジアングア》（ウリの味噌漬け。肉と炒める）、醬《ジアン》黄瓜（キュウリの味噌漬け。炒めものに使う）、醬八宝菜《ジアンパーパオツァイ》（キュウリ、ダイコン、ナス、ショウガ、レンコンなどの千切りの醬油漬け）など。

【甘酢漬け】 糖醋蒜《タンツースアン》（ニンニクの甘酢漬け。煮物に使う）、醋薑《ツージアン》（ショウガの甘酢漬け。そのまま食すか千切りにして炒めたり煮る）など。

【乳酸発酵による酸漬け】 酸菜《スアンツァイ》（原料菜を一度塩漬けした後、乳酸発酵させたもの

「酥腐」は中国の発酵豆腐。カビで発酵させた豆腐に少量の米酒や紅酒を加えて、1、2年漬け込み、主として乳酸発酵させたもの(中国雲南省景洪市で)

で、主に東北地方や北方の代表的な漬け物。大連、ハルピンや武漢あたりが本場。肉といっしょに炒める料理が有名。酸味を強くするため北京酸菜のように仕込みのときに塩を使わないところもあり、日本の長野県木曽地方に特産される「すんき漬け」に似たものもある)、泡菜《パオツアイ》(日本でもよく知られた有名な漬け物である。さまざまな根菜を乳酸発酵させたもので、四川料理にはとくによく使われる)、酸筍《スアンスン》(タケノコの塩漬けを乳酸発酵させたもので、酸味が強い。炒めものやスープに使う)、酥腐《スウフウ》(固めにつくった豆腐にカビを生やしてカビ豆腐をつくり、軽く塩をしてから米酒《ミージウ》、紅酒《ホンジウ》、穀醤《グージアン》を加えて一、二年漬け込んだもの)など。

【半乾性漬け物】羅蔔乾《ルオボーガン》(干したダイコンを八角や桂皮とともに漬けたもの。炒めものに使う)、搾菜《ザーツァイ》(カラシナの肥大した根瘤部を一度干してから塩と香辛料で漬けて、主として乳酸菌で発酵させたもの。そのまま薄く切って食べるか、炒めもの、スープ、煮物などの料理に広く使われる。日本でももっとも広く知られている漬け物で、中国産漬け物としての消費量でも最大である）など。

泡菜と搾菜

以下に、日本でもっとも知名度の高い泡菜と搾菜について述べる。

泡菜の原料はダイコン、カブ、ニンジン、ウリ、キャベツ、レンコン、白菜など手近にある野菜は何でも漬け合わせ材料として使われる。漬け汁は塩分約八パーセントの塩水に香辛料としてトウガラシ、八角、サンショウ、桂皮末など、調味料として砂糖、高粱酒、甘草《かんぞう》などを加えたものである。

漬ける容器は土製のかめで、家庭用のもので二、三リットル、工業用で三、四十リットルのものを使っている。家庭用のものは近年、陶器製のものも出回ってきたが、この泡菜用のかめはじつにユニークなものである。それはふたをかぶせると口のところが一段くぼんで溝になっていて、その溝に水を満たすとふたの縁がその溝の中に入るのでかめの中は水によって密封されるしくみになっている。このかめは中国ではほとんどの家庭の台所や土間に置かれているので、よく見ることができる。

こうして特殊な容器によってかめの中は外の空気と遮断されることになり、空気中に生息する雑菌や腐敗菌は侵入することはできない。そうなると、その生育環境を好む乳酸菌が増殖することになり、乳酸がよく生成されて酸味が強くなり、漬け上がりが良好となる。

一方、発酵によってかめの中に発生したガスは、水の中を通って排気されるが、外の空気はかめの中には入らない。かめのガスが外に出てくるとき、水を通るが、そのときプクプクと泡が出るようになるので「泡菜」の名があるという。

数日で発酵が終わり、食べられるが、食べるたびに減っていく野菜は、そのつど補充しておけばいつでも漬け上がりを賞味することができる。このあたりは日本の糠漬けの漬け床の使い方に似ている。

搾菜は、中国の漬け物の古い歴史の中では新参者で、今から一〇〇年ほど前に四川省涪陵県で鄧炳成という人が考え出したものだという。それから一世紀、この漬け物は世界的に有名となり、中国の外貨獲得のための重要な輸出品のひとつとなっている。わが国でも、中華料理の専門店に行けば必ず置いてあるし、最近では町の食料品店でも売られているほどポピュラーな漬け物となった。

「搾菜」という一風変わった名は、つくられはじめた当時、木製のしぼり道具で汁をしぼり、脱水したからこの名がついたという。本場は重慶市であるので、「重慶搾菜」が有名で、重慶市の郊外には原料であるカラシナ（芥子菜）畑が広大に拡がっている。

夏に種を播き、一月から三月にかけて収穫する。茎瘤部分を小刀で切り取り、芯のような堅い部分を取り除いてから二〜四個に切り分け、二、三日天日乾燥してから塩水に漬け込む。調味塩水は塩分六、七パーセントとし、一〇日目ごとにふたたび塩を五パーセントぐらいずつ二回加えていき、その後、本漬けとする。本漬けのときは塩水にトウガラシ、サンショウ、八角、桂皮末、ショウガなどの香辛料と砂糖、高粱酒、甘草といった調味料を加え、半年以上発酵、熟成させる。

中国の漬け物の容器はこのかめのふたの部分のように上に水を張って空気を遮断できるようになっており、さまざまなタイプがある(中国江西省南昌市で)

搾菜を漬け込むかめにもしかけがあって、かめ口はまず全面を竹の葉で覆い、それを麻縄で強くしばって密封し、さらに外ぶたを木灰と稲わらを敷いた上に逆さにかぶせておいて、発酵、熟成させるのである。

とにかく搾菜は四川料理には欠かせないばかりか、お粥をよく食べる中国の人たちにとって不可欠のような漬け物である。

ところで中国は、後で詳しく述べる「熟鮓《なれずし》」の発祥地である。魚や肉を塩とともに飯に漬け込んで発酵させたもので、日本でいう近江（滋賀県）の「ふなずし」（鮒鮓）にあたる。中国ではその熟鮓も漬け物の類に入れる慣例があり、古い文献には「鮓は菹なり」とある。したがって本書でも熟鮓を漬け物の一種とし、第四章で詳述することにした。

2　キムチの国韓国

数十種類におよぶキムチ

朝鮮半島は、古い漬け物の歴史を持つ中国と陸続きに隣接してきたので、この地の漬け物の歴史も大変に古い。

韓国の漬け物を分類すると、「チャガチ」は味噌などの調味物に漬けたもの、「チャンヂ」は塩を多く使った塩漬け野菜のこと、「キムチ」は塩を少なくして多くの香辛料や調味料を使って仕込み、発酵させたもの、「コッチョリ」は日本でいう浅漬けである。

ここでは、韓国の食文化の中心的存在であるキムチ（この言葉は「沈菜《チムチエ》」からきたという）をこの国の漬け物の代表として述べることにしよう。

一三世紀の詩人李奎報の詩がキムチが初めて登場する文献とされているが、キムチに類する漬け物がもっと前から朝鮮半島にあったことは間違いないだろう。今や韓国では、ご飯やお粥のときばかりでなく、酒の肴にもそれぞれに合うキムチが出されるほどで、食文化の中心的な役割を担っているといっていいほどだ。

今日、キムチには数十種類もあるとされ、それらを基本的なタイプで分けてみると、漬け汁のたくさんある水キムチ（ムルキムチ）、白菜だけで漬けた白菜キムチ（ペーチュキムチ）、それにサイコロ状に切ったダイコンだけで漬けたダイコンキムチ（カクトゥギ）の三種類となる。

キムチといえばすぐに思い浮かぶのがペーチュキムチで、これは冬の白菜シーズンに集中して白菜を丸のまま漬け込むもので、トンチミ（冬漬け）ともいう。後で述べるがキムチ漬けは韓国の冬の風物詩といえるほど民族的な漬け物なのである。

キムチの漬け汁を飲むと爽やかな味がするのは乳酸菌の発酵によってできた乳酸のためである。漬け汁は調味料にもなり、料理の隠し味にも使われる。ムルキムチの漬け汁やトンチミの漬け汁の冷たいスープなどは飲んでもうまい。冷麺のスープは牛肉の味と思われがちだが、肉だけであの絶妙な味が出るものではない。やはりキムチの漬け汁、とりわけトンチミの発酵した風味が奥深さを加えているのである。

キムチのつくり方と健康への効果

キムチが日本の一般の漬け物と異なるのは、野菜を漬ける際に実に多くの材料をいっしょに漬け込むことだ。塩漬けにした野菜を水を切ってトウガラシ、ニンニク、果物、アミ（醬蝦。小エビに似た体長一、二センチの甲殻類アミ目の節足動物。体は透明で、内湾や沿岸湖の表層を浮游している）やイカ、小魚などの塩辛類などとともに漬け込み、それらを発酵させて奥深い味を出すようにするのである。

キムチを発酵させる微生物は主として乳酸菌で、野菜の繊維などに付着していたものが主に活躍する。そして、発酵することにより、野菜の消化吸収がよくなり、ビタミンも増加する。

日本人にとってキムチといえばトウガラシの赤い色をすぐに連想するだろうが、古い時代にはキムチにトウガラシは使われず、塩味を基本にして、ショウガ、サンショウ、タデ、ニンニクなどを味つけにしていたという。南米起源のトウガラシは日本から朝鮮半島に伝わったとされ、一七世紀後半から使われるようになったものである。

キムチの中でも基本的な白菜キムチの漬け方を以下に述べる。まず「下漬け」であるが、四つ割りにした白菜を二、三パーセントの食塩（粗塩）で白菜の重さと同じ重量の重石をおいて一夜漬ける。漬け床は、トウガラシ粉、ニンニクのすり下ろし、ショウガのしぼり汁に、ひこイワシでつくった塩辛の水煮（塩辛一に水五）のしぼり汁を混ぜたものに食塩を適宜加えたものである。

次に「本漬け」となるが、その材料の配合は作り手によって千差万別である。家それぞれにキムチづくりの秘術があって、隠し味となる塩辛にはアミやひこイワシのほかタラ、イシモチ、エビ、イカ、カキなどが用いられ、さらにコンブ、スルメ、ネギ、ゴマ、貝類やホタテの貝柱、果物ではリンゴ、ナシなども味つけに使われる。

本漬けの一例を挙げると、下漬け野菜（食塩二パーセント）一〇キロ、トウガラシ粉一〇〇グラム、ニンニク三〇〇グラム、ショウガ三〇〇グラム、ひこイワシ塩辛三〇〇グラム、水（ひこイワシの塩辛を煮出した水）一・五リットル、食塩五〇グラムといったものだ。本漬けの重石の重量は、材料野菜の二分の一くらいにする。ダイコンでは輪切りにしたものをサイコロ状に切り、キュウリでは輪切りにして、一方の切り口に十文字に包丁を入れる。

キムチづくりに不可欠の魚介の醤。手前がアサリ、奥がアミの醤（韓国木浦市で）

漬け込んで翌日には発酵がおこなわれているので食べることができるが、美味しく食べるには三日ほどたってからがよい。その頃には酸味と発酵香がのってくるからである。

キムチは食欲を増進させ、食物繊維による整腸効果があり、乳酸菌による発酵でビタミン類が増加し、トウガラシの辛味成分カプサイシンによる脂肪の分解促進が見られる。また胃腸内における消化促進などの効用も顕著である。

キムチで国が「動く」

私はキムチの国韓国を訪ねて、歴史と伝統のある食文化に幾度も触れてきたのであるが、どこに行ってもキムチの出ない食卓はなく、またキムチの材料をめぐる周辺の流通活動や生産活動が止まるということはなかった。

たとえば、キムチに不可欠のトウガラシやニンニクは一年中栽培、収穫、乾燥で動いているし、漬け込みに使う魚介類の発酵液（魚醬など）も一年中、仕込み、発酵、熟成がくり返されている。

そんなわけだから、主材料の白菜が収穫され、いよいよキムチを漬ける時期が到来すると、韓国全土は「キムチ騒がせ」といった状態に陥るのである。

とにかくその時期になると、大きな都市の路上はもちろんのこと、地方の村々の路上にまでトウガラシやニンニクの青空市が立つ。そこでは、キムチの伝統のない日本人には信じられない光景が展開されている。一キロ、二キロなんて単位で売ることはなく、かますのような大きな袋にぎっしり詰めて、何袋単位で動いている。慶尚北道から慶尚南道、江原道、京畿道、忠清北道、忠清南道、全羅北道、全羅南道の韓国全土でこのような取り引きがおこなわれているのである。

釜山《プサン》市の中央卸売青果野菜市場に行ったとき、腰を抜かしたのはニンニクの取り引き場であった。屋外に青色の大きなテントを張って、その下にニンニクを小山のように積み上げて、人びとがにぎやかに商談しているのだ。私はそのニンニクの山を見て、何と桁違いに迫力のある食文化国であることかと驚嘆したのであった。

　また、釜山市のような海に面している海産物特産地は、キムチ用の発酵した魚汁を全国に送る供給基地のような役割を担っている。そのため釜山市や全羅南道の木浦《モッポ》市では、街のいたるところにドラム缶に仕込んだ小魚の魚醤や蝦醤（アミ醤油）、イカの醤、殻をむいた貝類の醤などが所狭しと並べられている。キムチ漬けの季節になると、これが二〇キロぐらいの単位で容器に詰め替えられ、全国各地に飛ぶように出荷されていくのである。

キムチ王国の韓国では、毎日どこかでこのようなトウガラシの路上市が開かれている

　木浦市でそのドラム缶の中の醤を何種類か味見させていただいた

ことがある。きわめて塩の強いものであったが、うま味も飛び抜けて強く、ドラム缶一つ一つの味と香りはことごとく異なっていて、じつに奥の深いものであることがわかった。キムチを漬け込む人の好みにより、使われる醬が選ばれるというのであるから、キムチはかなり王様的な扱いである。まったくうらやましいかぎりだ。

トウガラシの辛味の奥深さ

韓国でうまいキムチを食べながら旅をしてきて、日本に帰ってきてから日本製のキムチを食べてみると、風味の大きな違いに気づく。まずしょっぱさと酸味で、韓国のものは塩が少なく、その代わり酸味がしっかりとのっていて奥味が深い。それもどぎつい酸っぱさでなく、熟れて角の取れた酸味であるのに対して、日本製のものは（全部がそうではないが多くは）しょっぱさが口にまずやって来て、次に添加した調味料の味なのであろうか、しつこくて品のないうま味が来て、そして酸味はヘナヘナといった感じで腰が弱く、存在感が薄い。

そして最大の違いといえばトウガラシの辛さである。韓国のものは「辛い」というよりも「コクのあるうま味と辛さ」であるのに対して、日本のものの多くは「うまさが軽くて激辛」なのである。

その辛さの違いはトウガラシの品種によるものだ。日本のトウガラシは「鷹の爪」

という品種が代表的なもので、文字通り果実の形が鷹の爪に似ていることから名づけられたもので、辛みの強いトウガラシである。小型だが果肉が薄いため乾燥が容易なので、干して保存される。乾燥したものは粉砕されて七味トウガラシにも使われるが、日本での栽培は少なくなり、多くは中国やインドネシアから輸入している。

日本にはほかに関西地方でつくられる「伏見辛」というのがあって、これもやや辛いトウガラシであるが、鷹の爪よりは辛くない。トウガラシ特有の香りが評判で、漬け物に利用されることが多い。

「五色」というトウガラシは成熟するにつれて緑から紫、黄、橙、赤と変化するのでこの名がある。「八房」は果実が房になって育つのでこの名があるが、辛みは少なく鷹の爪の半分ぐらいである。キムチ用に使うのはこの品種であるが、今は鷹の爪と交配した「三鷹」（愛知県三河地方で生まれたのでこの名がある）が栽培されている。

近年、キムチ用トウガラシはその大半が韓国や中国、東南アジアからの輸入で、乾燥粉末で入ってくる。これらは辛味は弱いが奥の深い濃いうま味があって、ちょうど熟成したトマトを煮た味に似ている。それもそのはずで、トマトとキムチ用トウガラシのうま味成分を比較してみると、そのパターンはほとんど同じなのであった。

強烈な臭気のエイの漬け物

ところで韓国には強烈な魚の漬け物があった。すでに拙著『地球を怪食する』（文藝春秋）などでも紹介してきたことだが、韓国の漬け物の話としては避けて通れないのでここでも触れておこう。

それは全羅南道木浦市特産のエイの漬け物である。韓国語でエイは「ホンオ」という、その大型のものを厚手の紙で包んで大きなかめに詰め込み、重石をして漬け込む。発酵と熟成が進んで一〇日ほどすると猛烈なアンモニア臭が発生するが、これを五ミリぐらいの厚さに切ってコチュジャン（トウガラシ味噌）を付けて食べるのである。煮付けにしたり蒸したりしても食べるが、「ホンオ・フェ」という刺身がもっとも人気が高い。けっこう高価な食品で、冠婚葬祭や来客などの宴にはよく出され、若い女性なども喜んで食べている。

現地でこれを初めて食べたとき、私はそのものすごいアンモニア臭に仰天し、この世のものかと疑ったほどであった。口に入れて二、三秒後、呼吸して鼻から空気が入った瞬間、クラクラとめまいがして、立ちくらみしたほどで、とにかくその辺のアンモニア臭など問題ではなかった。かめのふたを開けて、中からホンオを取り出した瞬間から涙がポロリポロリと出てきて止まらず、その切り身を箸で取り、口に入れるとき、鼻の前を通過した瞬間にもクラリときたほどであった。

いよいよ口に入れてクラクラしながら噛みはじめたら、そのうちに口の中が熱くなってきた。これはきっとアンモニア（NH_3）が唾液中の水分に溶けて水酸化アンモニウム（NH_4OH）に変化したときの溶解熱なのかもしれない。そして、そこで勇気を奮い立たせて思いきり深呼吸をしてみたら、これがすごかった。目の前が一時パーッと白くなって、次に突然暗くなって、クラッとして意識を失うような感じになったのである。

味は、最初のうちはうまいのかまずいのか皆目わからなかったが、そのうちにエイ特有のうま味に、アンモニアの辛いような味にごまかされていた甘味がのり、それにコチュジャンの辛味、ニンニク、タマネギの辛さと甘さなども入り混じって、まことに複雑な味となった。

そして、木浦市に五日ほど滞在して、金メダル食堂や別の料理屋で食べまくってみたところ、三日目頃からこのホンオ・フェの真の味といったものがわかってきて、四日目、五日目にはそれこそ私の舌や鼻のほうからそれを求めるほ

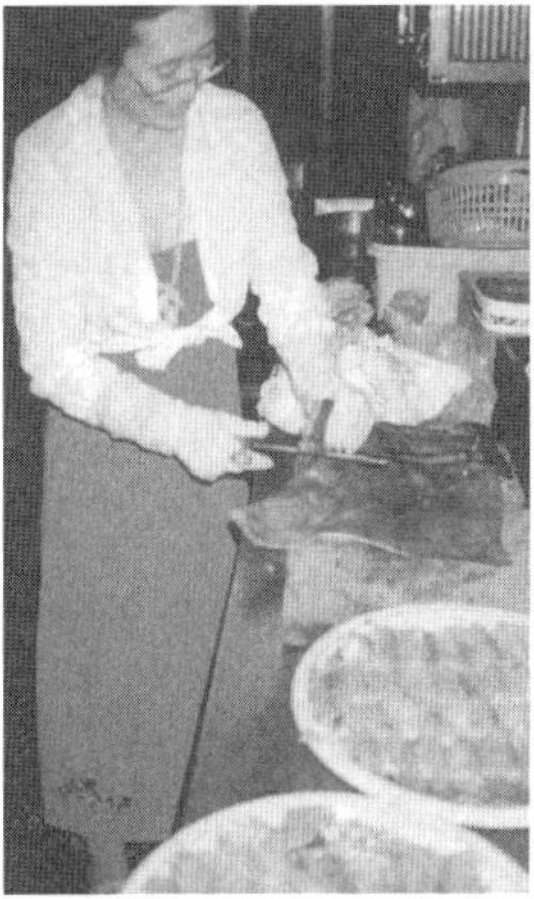
ホンオの料理。手前が催涙性の食べ物ホンオ・フェである（韓国木浦市で）

どものとなっていたのであった。

いやはや恐れ入りました。とにかく、世界中の奇食珍食を漁ってきた私だが、催涙性の食べ物と出会ったのは、この木浦が初めてであった。

3　タイの漬け物

料理に使う「パクドン」

タイでは漬け物のことを「ドン」といい、その代表は「パクドン」という名の漬け物である。日本でいう菜っ葉の漬け物で、食事の際は常時食べられている。日本の野沢菜または広島菜に似た野菜を丸のまま薄塩（三、四パーセント程度）で二日間下漬けし、それを汁ごと漬け込み容器に入れて上を密閉して発酵させる。若いのは一〇日間ほど、古漬けでも一ヵ月ほどで食に供するのだそうだが、漬けた菜ばかりを食べるのではなく、漬けている間に揚がってくる漬け汁も大切に利用していた。

漬け上がった「パクドン」はそのまま食べることもあるが、炒めて料理の材料とすることが多い。たとえば卵と炒めたものは「パクドンパッタイ」と呼ばれて手軽な人気料理となる。漬け汁スープは豚肉のスープと合わせれば「ゲンチュウパクドン」という美味なスープになるのである。生臭みを消すために魚の料理に使われることも多く、漬け物と調味料を同時に兼ねたような、伝統食品である。

タイの漬け物も日本に似て非常に種類が多い。南のバンコクから中央のコーンケーンやスコータイ、北部のチェンライやチェンマイに旅し、その近郊で食事をするとさまざまな漬け物が出てくるのがうれしい。

北のチェンマイに行ったときに食べた「ガチャムドン」という漬け物は、ニンニクの酢漬けであったが、旅の疲れをいやしてくれるような気がしてパクパクと食った。ただ、ずいぶん甘い味がしたことが印象的である。

ラオスとの国境付近からさらに北のほうに行ったときにはびっくりするような漬け物に出会った。それは以前、中国雲南省の西双版納の中心都市である景洪市郊外の村で出会ったタケノコの漬け物と同じものであった。聞いてみると「ノンマイドン」という名の漬け物だという。この「ノンマイドン」が中国のものと異なっているのは、タケノコの形と大きさで、中国では紐型をした日本でいうメンマ状であるのに対し、タイのものは直径二センチぐらいの筒切り状であった。双方に共通するのは、タケノコを塩漬けし、その漬け上がったタケノコと、漬けているときに出る漬け汁（スープ）を両方とも食材にしてしまうことである。

タイの場合、漬け上がったタケノコはスープやカレー、そのほか煮物や炒め物の具に使い、漬け汁は豚肉や鶏肉、魚介などのスープに使われるが、中国では漬け汁をそのまま保存して熟成させ、「筍醤《スンジアン》」すなわちタケノコの醤油として使うのであった。

米のとぎ汁で仕込んだ漬け物

タイは米を主食とするので、その食環境から生まれた珍しい漬け物もある。「ドンブリヨ」というのがそれで、米のとぎ汁を使って仕込んだ漬け物なのである。材料のダイコン、キュウリ、マンゴー、モヤシ（タイ人はことのほかモヤシが好きだ）、菜っ葉類を二パーセントぐらいの薄塩に下漬けしておき、これを米のとぎ汁の中に入れて発酵させる。発酵は主として乳酸菌により、すぐに起こる。発酵が進み過ぎると強い臭気が出たり、酸味が強過ぎたりするので、好みの漬け具合で食べるのがコツだといわれ、日本でいえば「浅漬け」のようなものである。

「ブリヨ」とはタイ語で「酸っぱい」という意味で、一夜過ぎたものなどは、とても爽やかな酸味があってパクパク食べられた。聞いてみると、場合によってはつくる料理に合わせて酸味を調整するそうで、油を通常より多く使う料理には、日を置いて酸味を多く出した「ドンブリヨ」を使うという。そのあたりを見ると、タイやベトナム、これから述べるミャンマーなど東南アジアの漬け物は、副菜であると同時に調味料としての性格も併せ持ったものと考えてよいのではあるまいか。

とにかくこの「ドンブリヨ」は、醸し出された酸味と発酵特有の牧歌的匂いがあるので、広く料理材料として使われているのである。その理由は、乳酸発酵によって得られた多量の乳酸は爽やかにしてしっかりとした酸味を持つので、タイのように暑い国に共通する油料理中心の食卓には不可欠の調味料となるからである。なお、このように米のとぎ汁を漬け汁としていることは、残滓物の有効利用という観点から見れば、日本の糠漬けもそれに類したものと考えられよう。タイの「ドンブリヨ」が液体漬け床、日本の漬け物が固体漬け床という違いだけである。

モヤシの漬け物。タイの人びとはとにかくモヤシが大好きだ（タイのコーケーン市で）

　沖縄の泡盛のつくり方にも「シー汁仕込み」というのがある。麹をつくる米をそのとぎ汁の中に入れて放置すると乳酸菌が侵入してきて乳酸発酵が起こり、乳酸水ができるので、その水を有効に利用する酒づくりであるが（今はほとんどおこなわれていない）、琉球の酒づくりは、その歴史をたどればシャム国（今のタイ）より伝播したものである（拙著『銘酒誕生——白《パイ》酒《チュウ》と焼酎《しょうちゅう》』講談社現代新書参照）ことを考えると、じつに興味深い。

　干しダイコンを塩だけで漬け込んだ漬け物は「サイポ」または「チャイポー」と呼ぶもので、米糠を使わないが、タイの沢庵漬けのようなものである。食べるときには塩出ししてから細長く切り、炒めものにする。卵と炒めたものは「チャイポーラントウドカイ」と呼んでいた。コリコリしたチャイポーの歯ごたえと、卵の柔らかさがよく合い、美味であった。

「ナンブイ」というのはクルミのような木の実をつぶし、発酵させた漬け物である。野菜などとともに炒めて食べる。「マンゴードン」はおなじみのマンゴーの酢漬けである。マンゴーの皮をむき、酢に漬けたもので、ちょうどピクルスのような風味がする。香辛料と油の多いタイ料理の中にあってはさっぱりしていて、食事中の口直しとして重宝した思い出がある。

特異な香気・虫の塩漬け

「メンダナア」はもっとも印象に残っている虫の塩漬けである。田や沼や川にいるタガメをよく水洗いしてから塩漬けするもので、雄の腹腔の外側に小さな突起腺があって、そこから特有の芳香が出てくる。そのため、漬け込んだタガメのみならず、漬け汁にも甘く耽美な感じの、神秘に満ちた匂いが強くついている。その匂いは何に似ているかと思って考えをめぐらせたところ、日本の海産物ホヤの内臓の匂いと、陸生昆虫のクサギカメムシの匂いを合わせたようなものであった。

この不思議な匂いの正体を突き止めてやろうと、タイに行ったときに買ってきた「メンダナア」をガスクロマトグラフィーという、香気成分を分析する器械にかけた。その結果、香気の本体はオクチルアルコールという特殊な芳香性アルコールであることがわかった。

ところで「メンダナア」の食べ方はじつに凝っている。まず「ナンペ」というたれをつくる。このたれはナンプラー（魚醬）、味噌、アミの塩辛、ゴマなどを混ぜてからすり合わせてつくったペースト状のもので、この「ナンペ」の中に「メンダナア」をすりつぶして入れると「メンダナアジカイナンペ」という高級調味料となる。これをサラダのように野菜につけて食べるのであるが、タガメからの芳香はすばらしい隠し味となり、タイでは「メンダナアジカイナンペ」といえば格調高い調味料として知られているのである。

とにかく、一本のビンにタガメが何十匹、何百匹と漬け込まれて売られているのを見るのはうれしいものだが、これを土産に買ってくると、多くの日本人はグロテスクだという。親しくさせていただいている漫画家の東海林さだおさんと会食したとき、このタガメの漬け物を手渡したら、「ああ、これね。いいですねえ、このタガメの醬油、私大好きで……」などといってうれしがってカバンの中にしまい込んでしまった。いやはや達人というのは、知識や知徳というものを自然体のまま自らのものにし

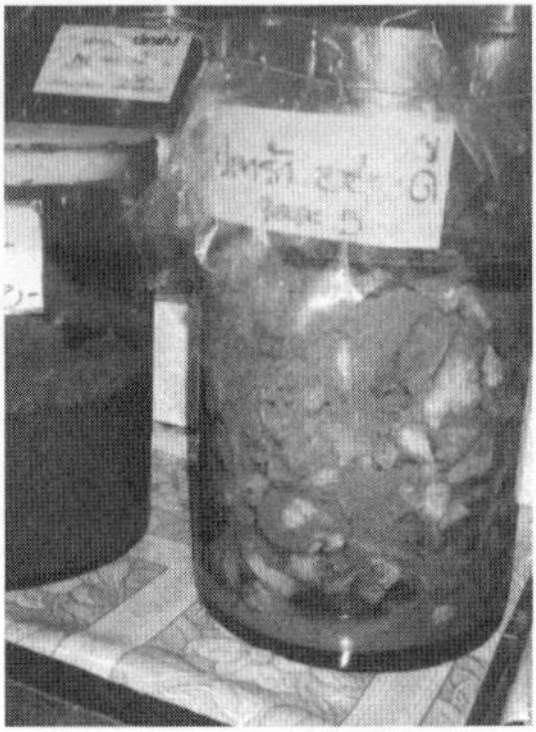

タイやラオスには魚の糠漬けまである

てしまう特技を持っているものなのだと感心した。

「バイ」または「ミャン」という漬け物は、タイ北部のラオスとミャンマーに接する地帯の民族間に広く分布している茶の葉の漬け物で、炒めて食べるものである。茶葉の漬け物については次のミャンマーの漬け物のところで詳しく述べる。

「沢ガニ」の塩漬けは「プーケム」と呼び、やはりタイ北部の民族が漬けるものである。日本の有明海の「がん漬け」に似ており、やや大きめの沢ガニを塩漬けしてから発酵と熟成をおこなう。主としてスープの味つけに使うが、細切りしたパパイヤにこの「プーケム」とナンプラー、レモンのしぼり汁をかけて食べるなど、サラダの調味料としても人気が高い。

川魚を粉砕米と塩とで漬け込んだのが「プララ」または「プラジョム」、あるいは「プラソム」という漬け物である。タイの内陸部には多くの川があって、そこにはプドーと呼ぶ、どこでも見られるナマズのような川魚がいる。それを三枚におろして漬け込む。使う米は煎ってからついて粉砕したもので、一〇パーセントほどの塩で漬け込み、一、二ヵ月で漬け上がる。

容器から取り出した「プララ」はほどよく酸味がのっていて、それを水洗いしてから野菜とともにさまざまな香辛料を加えてココナッツミルクで煮ると、「プラドン」という高級な煮込み料理ができる。

タイにはこのほかにも多種多様な漬け物があり、民衆はそれらを調理材料として重宝し食卓を豊かなものにしている。

4　ミャンマーの漬け物

東南アジア随一の漬け物王国

ここ数年、何度も東南アジアの国々を訪れて食文化を調べてきた中で、ミャンマーほど漬け物の豊かな国はほかに例を見ない。おそらく、漬け物王国といわれる東アジアの国々と比較しても、遜色のない国だと断言しても過言ではあるまい。

とくにシカン高原やアラカン山脈といった高地に住む山岳民族は、じつにさまざまな漬け物を持っており、定期的に立つ青空市場や、毎日市の出る路上市場をのぞいてみると、漬け物の種類の多さには圧倒される感がある。

そこで、私なりにミャンマーの漬け物を原料別や製法別に区別してみたところ、だ

トウガラシの漬け物。赤トウガラシを潰して布で裏ごしし、砂糖を少し加えて発酵・熟成させる。辛味が熟れ、発酵によってできた酸味と調和して快い辛味であった（ミャンマーのヤンゴン市で）

いたい次のようなものになった。

原料別＝根菜、葉菜、山菜、豆芽（モヤシなど）、タケノコ、トウガラシ、果実、茶葉、キノコ、魚介など。

製法別＝酢漬け、糠漬け、米のとぎ汁漬け、塩漬け、砂糖漬け、醤油漬け、魚醤漬け、シロップ漬けなど。

以下にミャンマーの代表的な漬け物を述べよう。

自由市場や露天市に行くと、もっとも多く目につくのが「レイエチェ」という酸味のあるマンゴー漬けである。まだ青いマンゴーを細く切り、米のとぎ汁と薄塩で漬けると乳酸発酵が起こって酸っぱくなる。

ミャンマーでは漬け物のことを「チェ」といい、だいたいが酸っぱい漬け物である。ということは、この国は一年を通して非常に暑い国なので（夏、気温が四五度になる日も少なくない）、食事は香辛料と油を多く使う料理（たとえばカレー）が大半である。そのため、酸味のさわやかな漬け物が、辛くて脂ぎった口の中をさっぱりさせるのに都合がよいのである。

モヤシも漬け物に

「ペーピンパウチェ」もミャンマーの代表的漬け物である。「マッペ」と呼ばれる緑豆に芽を出させてモヤシをつくり、それを米のとぎ汁か米糠を水に溶いたものと薄塩で仕込む。すると乳酸発酵が起こり、酸っぱい味のついたモヤシの漬け物ができる。肉や魚と炒めたり、煮込んだりして食べられる。ミャンマーではモヤシは非常によく食べられ、モヤシ料理は有名であって、その中で「ペーピンパウチェ」は中心的な役割を担っている。

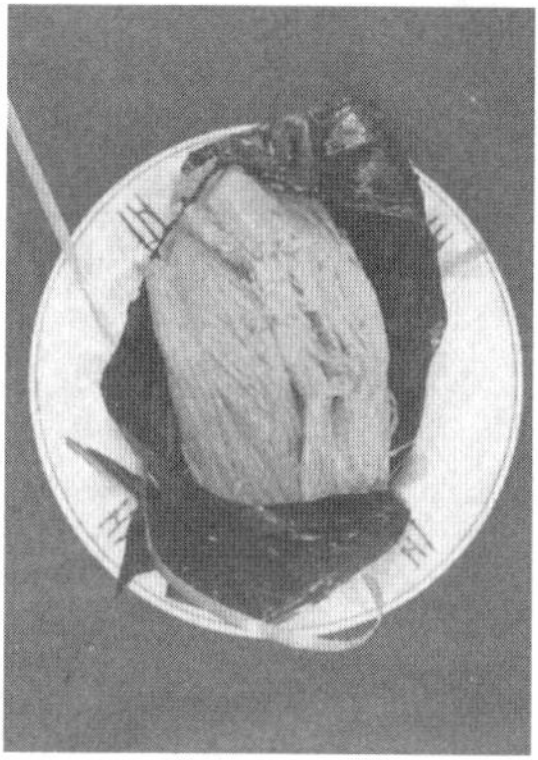

タケノコの漬け物ミエチェ。酸味があり、シコシコとして実にうまい（ミャンマーのタウンジー市で）

「ミエチェ」はタケノコの塩漬けである。ミャンマーの北部は竹林の宝庫で、そのうえ一年中暑い国であるため季節感はなく、タケノコは年がら年中出てくるから、よく食べられている。タウンジーの山岳部族の露天市場に行ったとき、多くの「ミエチェ」売りが目についた。太いタケノコは四つに割って、また細長いものはそのまま漬け込んで売られていた。適当な大きさに切り分けて、煮物や炒め物に使われるが、やや酸味があり、カレーの具に使うのが一番多いようだ。

「メンマンデー」は青いスモモを塩水に漬けてから、さらに砂糖漬けしたもので、デザートに使われたり、子どものおやつに食べられる。

「ダメアデー」という砂糖漬けは、厚目に切ったレモンを薄塩と砂糖で漬けた果実菓子である。一九九九年、ミャンマーに行ったとき、「メンマンデー」と「ダメアデー」をつくっている工場を見学したが、塩漬けしている段階で、かめの中のスモモやレモンが雑菌というのか産膜性酵母の侵入を受けて、表面が菌膜で覆われる状態に置かれていたので驚かされたことがある。それを見て、ミャンマーの漬け物屋は、全体に今少し清潔さがあってしかるべきだという印象を受けた。

「チャトンチェ」は、ラッキョウを魚醬と穀物醬油を合わせた液に漬け、発酵させたもので、この液に野菜の茎を漬けた「ズミチェ」と呼ばれるものもある。

「ペーポン」という漬け物は日本人にいちばんなじみ深いものかもしれない。巻き貝の形に似た地下茎のチョロギを漬けたもので、日本では梅酢に漬けて赤く染めたものが正月の祝膳に出るのでよく知られている。

ミャンマーではそのチョロギを、米のとぎ汁と薄塩で漬けて乳酸発酵させ、酸味を持たせたものと、魚醤に漬けてうま味をぐんとのせたものとがつくられている。双方ともコリコリシャリシャリとしていて歯ごたえがよく、カレー料理の多いミャンマーの食卓には重宝な漬け物である。

「モウラウチェ」はダイコンの塩漬けで、これも歯ごたえという点では捨てがたい漬け物であった。

ミャンマー名物の茶の葉の漬け物ラッペ。炒めて食べると実に妙味がある（ミャンマーのタウンジー市で）

茶の葉を発酵させる

さて、いよいよミャンマー名物の茶の葉の漬け物の話をしよう。茶の葉を発酵させて食べる習慣は、中国雲南省南部の西双版納やラオスとの国境辺り、ラオスやタイの北部にいる少数民族とともにミャンマーの山岳民族に幅広く見られる食文化である。中国の場合は茶葉を熟鮓的に発酵させてつくるが、ミャンマーを含めてその他の地域の茶葉漬け物は、通常の漬け方で漬け、発酵させて食べるものである。ミャンマーでは茶の葉の漬け物はかなり高価なものなので、そういつでも食べられるものではない。

若い葉を原料とし、それを蒸してから薄い塩で仕込み、重石をして発酵させ、熟成させるのだが、漬け上がったものは少し緑がかった黄色（うぐいす色）をしており、匂いはやや牧歌的な感じがする。

口に入れて食べてみると少ししょっぱく、酸味もある。それに渋くて苦い。こんなものをパクパク食べたところで歯ごたえがよくないから口の中に違和感が残るし、飲み込むとのどをスムーズに下りていかずにあちこちに引っかかる感じがするので、日本人には合わないと思った。

ところがその考えが間違っていたことに気づいたのは、この発酵茶の正しい食べ方を知ってからである。これを野菜や肉とともに炒めて食べてみて、その真味を知ったのであるが、いやはやじつに料理が美味になる。油っこい料理が茶の酸味と苦味、とりわけ渋味と絶妙に合って、発酵茶葉を入れた料理はまったくといってよいくらい別の世界の食べ物に変身してしまったのである。

そのすばらしさを知ったので、ミャンマーからその茶葉の漬け物を五〇〇グラムほど買って持ち帰り、家の厨房で炒めもの料理にして食べたところ、やはりミャンマーで食べたときと同じように、発酵した茶の葉の苦味と渋味と酸味がすばらしく、美味であった。ミャンマーでは、茶の葉だけでなく、カシの若葉やメタセコイアの若芽なども漬け物にされる。

茶の葉の漬け物はミャンマーでは「ラッペ」と呼び、自由市場や露店、仏教寺院の土産物売り場で売られている。いちばん有名な食べ方は、油で炒めた「ラッペ」とピーナッツ、トウモロコシにニンニク、トウガラシ、生トマトなどを混ぜ、それを魚醬、エビ味噌、塩などで味つけし、よく混ぜて食べるのである。この料理を「ラペットゥ」といい、ミャンマーの代表的な美味しい料理の一つである。

5　フィリピンの漬け物

フィリピンを代表する漬け物というと、何といってもパパイヤを原料にした「アチャラ」である。「アチャラ」はペルシア語の「アーチャール」がポルトガル語を経て伝わったものといい、中央アジアでは漬け物のことを「アチャール」、インドネシアでは「アチャール」という。さらに日本でも「阿茶羅漬け」が江戸時代に伝わり、今に残っているのはおもしろいことである。

まだ熟していない青いパパイヤを薄く切り、これを薄塩で下漬けした後、甘酢に漬け直したものである。油を使う料理の多いフィリピンの食事にあっては、酸味があり、さっぱりとした口直しの効果のあるこの漬け物は、食卓に欠くことのできないものである。

とにかくフィリピンはこのアチャラが漬け物の代表であるが、一方では魚を漬けて保存食にしたものも少なくない。そのことについては第四章でも触れる。

6　ヨーロッパの漬け物

ヨーロッパの代表はピクルス

ヨーロッパの漬け物というと、誰もがすぐに挙げるのは「ピクルス」であろう。「ピクルス」という言葉は英語では「漬け物」一般を指し、野菜や果物などを酢漬けにしたり、塩漬けにしたものである。

ピクルスは、発酵によってつくるものと、(発酵させずに)酢やワインのような保存性のある液に漬けたものとの二種に分かれる。前者は主として乳酸発酵をおこなって酸味をのせることを目的にしている。日本の発酵漬け物と異なるのは、酸味がかなり強いことで、たとえば日本のラッキョウの酢漬けは酢酸が一パーセントぐらいであるのに、ピクルス類は倍の二パーセントを超すものがあるほどだ。これはピクルスをよく食べる欧米の人びとの食事と関係があり、彼らは肉やチーズ、油っこい料理を多食するので、酸味の強いものが合うためである。

また、日本の漬け物と異なるもう一つの点は、漬ける汁にじつにさまざまな香辛料を使う点で、月桂樹の葉（ローレル）、丁字、肉桂、タイム、セロリーシード、ニクズク、セージ、カルダモン、コリアンダー、トウガラシ、コショウ、ショウガ、ニンニク、キャラウェイシード、メース、ディル、オールスパイスなど枚挙にいとまがない。

酢漬けピクルスはわが国でも売られているから日本人にもなじみがあろう。各種の野菜を一度塩漬けし、塩抜きしてからさまざまな香辛料を加えた酢に漬けたものである。酢酸が二パーセントもあるので強い酸味を持つが、日本に輸入されてくるのは甘酢ピクルス（スウィート・ピクルス）である。

発酵ピクルスもピクルスの代表的なもので、一〇パーセント以下の食塩で漬け込み、乳酸発酵を施して風味をつける。香辛料のディルを漬け込むときに入れたものはディル・ピクルスと呼んでいる。一般的な漬け方は、キュウリ一〇〇キロ、一〇パーセントの塩水一〇〇リットル、食酢四リットル、ディル草（塩漬けして保存されたもの）一キロ、各種香辛料で仕込む。

ディルはヒメウイキョウのことで、西欧では古くから薬草やスパイスとして使われてきた。通常は種子を使うが、ピクルスでは種子を用いると香味が強くつきすぎるので、爽やかな甘い香りを持つ葉が使われるのである。仕込み方法は漬け込み容器の一番底部にディルを敷き、その上にキュウリ、その上にまたディルといったように交互に漬け込んでいき、いちばん上にもディルを敷いて押しぶたをし、重石をしてから食酢と塩水を上からかける。すると五週間ぐらいで乳酸発酵は終わり、漬け上がる。

日本人にはきつい強烈な酸味

欧米にはほかに塩だけで漬け込んだ塩漬けピクルスやマスタード（洋ガラシ）に漬けたマスタード・ピクルスなどもある。どちらかというとそう強い酸味を好まないわれわれ日本人に比べ、アングロサクソンやゲルマンの人たちは反対に個性的なほど強い酸味を好む。これはおそらく、民族に嗜好の差があることを示すのであろう。

この私もドイツを何度か旅してみると、そのへんのことをいつも実感する。ベルリンにあるカイゼルホテルで昼の食事をとるときに名物の鶏のローストを頼むと、発酵ピクルスも出てくる。まず鶏のローストに手をつけ、口に入れてモグモグやるとじつにうまい。そして次に出されてきたカリフラワーと青トマトのピクルスをナイフで切り、口に入れたとたん、びっくりするほど酸味が強いので飛び上がらんばかりとなる。それでも食べ続けてみると、今度は顔を含めた上半身に脂汗がじんわりと湧き出すといった状況であるのに、知人のドイツ人は平気の平左でパリパリ食べていた。酸味に強い民族としての遺伝子がしっかりと刷り込まれているのであろうと、そのとき思った次第だ。

また、ドイツの北のハンブルクやリューベックには、ニシン、イワシ、タラなどの酢漬けが多い。そんな街で、海産物専門のマーケットに行くと、ニシンの酢漬けがピカピカと白銀色に光りながらビンに詰められて売られている。じつにソフトでふくよかな感じに見え、あれを食ったらうまいだろうなあ、などとよだれを流しながら買う。それをホテルに持ち帰り、アクアビット（ジャガイモ焼酎）の肴にと心ときめかせてそのビンのふたを開け、食べたとたんに、「ウアーッ」と叫びたくなるような猛烈な酸味。その強い酸味のためにニシンの味などどっかに吹っ飛んでいってしまったほどのすごさであった。鼻っ柱のしわは三本も縦に寄り、額にはじんわりと汗がにじんだのだった。

しかし、せっかく買ってきたのだから食わぬ手はないと、意地の汚い根性を丸出しにして挑戦。ついつい一ビン空けたときには、くちびるはすでにポッテリとふくれ上がり、タラコのようになってしまった。後で知人にこの話をしたら、「そりゃあストレートでニシンの酢漬けを食べたら、日本人ならば参っちゃうだろうね。あれはパンとパンの間にはさんだり、切り刻んでサラダの中に入れたりして食べるものなんだから」といわれて笑われてしまった。

酸っぱいキャベツ・ザウアークラウト

サワークラウトは、もともとドイツ語に発したけれども（ドイツ語ではザウアークラウト）、英語にもそのまま使われて「酸っぱいキャベツ」を意味している。西欧の漬け物にあってはピクルスと双璧の位置関係にあるほどよく食べられている。

ドイツでは一三世紀にはすでにこの漬け物を製造していた会社があるといわれるが、活字として登場するのは、一五四三年に女王の結婚式の祝宴でザウアークラウトとレバーの煮物が出されたことを記述した文献が最初だということである。

その製造工程は、原料キャベツの収穫→一週間ほど積み重ねておいて、熟成と少しの萎凋をはかる→外葉除去と芯抜き→水洗い→切断→漬け込み→発酵→熟成→製品ということになる。漬け込みの時の塩の量はキャベツ重量に対して二、三パーセントである。できる限り密な状態ですき間のないように漬け込むのは、発酵をおこなうのが嫌気性の性質を持っている乳酸菌であるからだ。

漬け込みが終わったら押しぶたをし、上から十分な重石をしておく。翌日から漬け汁が揚がって来るから、それを丹念に取っておく。発酵期間は温度と関係があり、三〇度ぐらいの高温だと一週間、二五度ぐらいだと二週間、二〇度では三週間が目安だといわれる。

こうして発酵を進め、ザウアークラウトの酸量がだいたい一パーセントぐらいになったところで発酵を止め、でき上がりとする。これ以上酸を出すと酸っぱくなり過ぎて味が劣ってしまうからである。出荷するときは瓶詰、缶詰または袋詰にするのであるが、そのときは、漬け込んだときに出た漬け汁をいっしょに加える。昔はブドウ酒の古樽を漬け込み容器にしていたが、今はステンレス製タンクやコンクリート槽をつくり、それでおこなっている。ドイツでは今でも各家庭で自家製のザウアークラウトをつくり、料理の大切な材料にすることが多い。

ザウアークラウトは火を通して食べるのが普通で、それを湯がいてから冷やし、サラダとして、またバターや植物油で炒めて肉料理の添えものにしたり、シチューや煮込み料理の材料とする。しかし、ドイツでは便秘に効果があるとしてザウアークラウトを生で食べることがあり、これは乳酸菌の整腸作用によるものであろう。

またザウアークラウトは他の漬け物に比べてビタミンCの含有量が飛び抜けて多く、冬のビタミン補給源として貴重な食べ物である。ドイツでは風邪のひきはじめのとき、ザウアークラウトを鍋に入れて煮込み、熱いのを食べると発汗作用によって風邪が治るとされている。この発汗作用も乳酸のはたらきによるものと考えられる。

7　その他の国々の漬け物
——ネパールからアフリカ、メキシコまで

世界中の国々には、それぞれに漬け物またはそれに類似した何百、何千という発酵

食品があって、食卓を豊かにし、人類の食の文化に大きな役割を果たしてきたのである。日常あまり知ることのないたくさんの漬け物のうち、私が体験してきたものをいくつか紹介しておく。

ネパールとブータンにはカラシナ、アブラナ、ダイコン葉、各種根菜類を無塩下で、乳酸菌により発酵させた「グンドラック」や「シンキ」という名の漬け物がある。普通、発酵漬け物というのはほとんどが食塩存在下で乳酸菌により発酵させるのに、この漬け物は塩を使わずに漬け込むところが珍しい。

実際に現地に行って食べてみるとよく発酵していて酸味もほどよい。普通、食塩を使う目的は風味づけと腐敗菌や雑菌侵入の防御のためであるが、この「グンドラック」および「シンキ」とも、それらの菌の侵入はほとんどなかったところを見ると、発酵する乳酸菌は漬け込み直後から活発に増殖を開始して、腐敗菌の侵入を許さなかったためなのであろう。あの地方はウシやヤギ、ヤクなどの乳を大いに利用するところなので、生活空間の周辺には乳酸菌がきわめて密度の濃い状態で生息しており、その環境がこのような無塩乳酸発酵漬け物を生み出したのかもしれない。

マダガスカルはアフリカ大陸の東南方、インド洋西部に位置する大きな島で、ここには「マザリイ・マンガ」という、野菜の煮汁を使った珍しい漬け物があった。漬ける材料は、まだ未熟で皮の青いマンゴーで、これを細かく切り、特製の野菜煮汁ソースで塩漬けする。このソースはピーマン、赤トウガラシ、ショウガ、白タマネギなどを煮出してつくり、塩を一〇パーセントぐらい加えて塩汁とし、そこにマンゴーを漬けるのである。だいたい三〜五日間漬け込んで食べる。未熟青マンゴーの代わりにニンジンやキャベツなどのぶつ切りを漬けることもある。

この島は海の恵みものである魚介類が多く、それらをブイヤベースのようにごった煮にするとき、この漬け物を使うと美味な鍋料理になる。

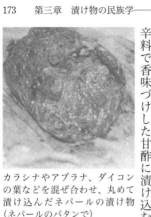

マレーシアにはカリフラワーやニンジンなどを切り、塩をまぶしてしばらく置いてからマスタード・シード、ターメリック、トウガラシ、シナモン、ショウガなどの香辛料で香味づけした甘酢に漬け込むピクルスを食べたことがあるが、これは西欧のピクルスとは似ても似つかぬほど酸味が柔らかく、非常に美味なピクルスであった。

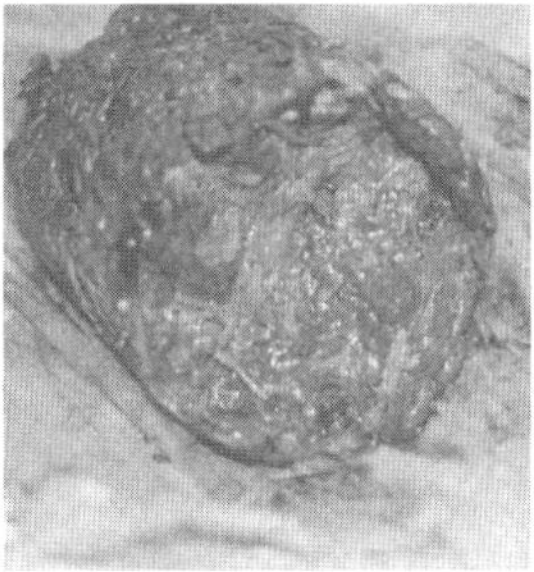

カラシナやアブラナ、ダイコンの葉などを混ぜ合わせ、丸めて漬け込んだネパールの漬け物（ネパールのパタンで）

これぐらいの香味のピクルスが日本にもあったらうれしいのだがなあ、と思いつつ、そのピクルスの味が忘れられず、日本に戻ってきていくつかのデパートや商店街をひまを見て探し歩いた。するとうれしいかな、横浜元町の商店街通りの店で、あのマレーシアのピクルスの味とほぼ同じものとめぐり合って感激したことがあった。とにかく私は食い物のことになるとかなり貪欲になるので、こういう探し物をすることが多く、目的物と出会うとうれしくなってその場で万歳三唱することもあるのだ。

メキシコでは「ケイパー」という漬け物と出会った。セイヨウフウチョウボク（フウチョウソウ科の落葉灌木）のつぼみを塩漬けにした珍しい花の漬け物であった。フウチョウボクの酢漬けは地中海沿岸諸国ではさまざまな料理の薬味に使われており、これが遠く離れたメキシコでも漬け物の材料に使われていたのは興味のあることである。おそらく昔、航海船によってもたらされたのであろう。

メキシコでは復活祭のとき、魚のシチューを食べる習慣があり、このケイパーを薬味に使うことが多い。そのシチューは、油を引いたオーブン皿に魚（通常はアカフエダイだが、シタビラメやスズキでもよい）の切り身を並べ、その上に刻んだタマネギ、ピーマン、トマトをかぶせる。これにスパイス・ミックス（サンショウ、ローズマリー、トウガラシ、タイム、ヒメウイキョウ、オレガノ、コショウなどの香辛料を配合したもの）をふりかけ、レモンの絞り汁をかけ、一時間ほど焼き上げる。オーブンから出して、ケイパーのみじん切りをふりかければでき上がりだ。少し苦味があるが、甘い香りとミョウガのような快香がすばらしい漬け物である。

第四章　「熟鮓」の不思議な世界

1　その起源と日本への伝来を考える

熟鮓の起源と二つの伝来ルート

熟鮓《なれずし》は魚介類を飯（炊いた米）とともに重石で圧し、長い日数をかけ、乳酸菌を主体とした微生物で発酵させた漬け物で、東南アジアおよび東アジアに特産される伝統の発酵食品である。日本では、近江（滋賀県）の「フナ鮓」や紀州（和歌山県）の「サンマの熟鮓」が代表的なものである。

紀元前四世紀から三世紀、すなわち周代から漢代にかけての成立とされ、さまざまな経典や諸経書を採録、解説した中国最古の字書『爾雅《じが》』には、すでに「すし」についての記述がある。同書によると「鮓」というのが魚の塩蔵品、「鮨」というのが魚の塩辛、「醢」が肉の塩辛で、「すし」の材料にはコイやソウギョ、ナマズなどの川魚、シカ、ウサギ、野鳥などの肉が使われていた。これを見ると魚や肉の漬け物が「すし」の原型といえよう。

熟鮓の日本への伝来時期については定まった説はない。飛鳥時代とも弥生時代とも、最近では縄文晩期ともいわれるようになった。その起源の地とされる中国雲南省やメコン川流域(ベトナム、ラオス、タイ、カンボジア)ではさらに古い時代から食されていたはずである。

私はその熟鮓の原型の伝来経路について二つの道を考えている。

一つは中国大陸から日本列島へ直接伝わってきたルートであり、もう一つは中国の雲南省南部から瀾滄江《ランツァン》(メコン川上流の中国名)を下ってラオスに入り、メコン川を伝わって、タイ、カンボジア、ベトナムを経て、南シナ海経由で日本に達するルートである。

一九九八年、私はこの二つのルートを検証するために雲南省、ミャンマーなどを取材して、これらのうちの一つのルート、もしくは、双方のルートから伝播したものであることを確信した。その取材で見た熟鮓は実に多種多彩で、とりわけ淡水魚(コイ、フナ、ナマズ、ソウギョ、レンギョなど)の熟鮓が多く、日本では見ることのできない牛肉と豚肉の熟鮓の豊かさには驚かされた。

訪れた農家では、四〇年前につくられたコイの熟鮓や、一〇年間発酵した豚肉の熟鮓など、長期間発酵させたものも大切に保存していたが、それらについては後述する。少数民族の間では、茶の熟鮓、トウガラシの熟鮓、野菜の熟鮓などもつくられており、彼らの熟鮓文化は実に奥深いものであった。

このように、山岳民族によってすしがつくられてきたのを不思議に思われるかもしれないが、新鮮な魚介を入手できる海辺と違って山地では肉や魚を永く保存しなければならない。その必要から生まれた知恵なのである。

ともあれ、日本に伝来した最初の「すし」はすべて熟鮓であった。それも魚の保存を目的としたものばかりであったから、その食法は現代まで伝わっていて、今日でも熟鮓は漬け込んだ魚が主体で、飯は副体（漬け床）なのである。そして、最初は魚介類の保存食品として入ってきた熟鮓も、長い年月の中で日本人の知恵によって、重石で圧するという日本古来の漬け物スタイルとなり、発展してきたのである。

それでは以下に、日本と各国の、今日の熟鮓文化を述べることにしよう。

日本の代表——近江のフナ鮓

日本の熟鮓の代表といえば、なんといっても滋賀県の琵琶湖周辺に見られる「フナ熟鮓」、すなわちフナ鮓である。原料はニゴロブナ（煮頃鮒）で、子持ちのものがとくに珍重される。

四～六月の産卵期に、卵を産みつけるために接岸したフナを捕獲し、まずそれを洗う。次にうろこをていねいにはがし、えらを取り去ったあと、そのえらの部分から特

滋賀県のフナ鮓。卵巣の山吹色が目にまぶしいほどだ

殊な針金を腹まで差し込んで卵巣以外のはらわたをその針金に巻きつけて引っ張り出す。次に腹の中に塩を詰め込み、鮓桶にフナと塩を交互に重ねて漬け込み、最後に一番上に塩を被せてからその上に落としぶたをし、水が揚がってきたら重石をかける。これを七月の土用あたりまで置き、そのあと本漬けをおこなう。

　本漬けは桶から出したフナを水で洗い、塩抜きをする。それを水切りし、硬めに炊いた飯とともにフナを漬け込む。漬け込みの方法は漬け桶の底に飯を敷き、その上にフナをのせ、そのフナの上に飯をのせ、このようにして交互にフナと飯を漬け込んでいき、内ぶたをしてからその上に重石をのせる。一日置いてから、この桶に塩水を張る。この塩水を張る理由は、張り水で空気を遮断して酸化を防ぎ、塩で腐敗を抑えて、桶の中を嫌気状態（空気と接触しない環境）にして、乳酸菌の発酵を導くためである。こうして小型、中型のフナなら正月まで漬け込んでおいてから食べるが、一キロを超す大型のフナは二、三年漬けておく。

食べるときは飯をそぎ落としてから薄く切り、そのまま酒の肴や飯のおかずにする。また、湯を注いで吸い物にしたり、茶漬けとしても絶品だ。

琵琶湖周辺にはニゴロブナのみならず、アユ、ドジョウ、イサザ、コイ、モロコ、ナマズ、オイカワ、ウグイなどの熟鮓もあり、その品数はまことに多数である。滋賀県栗東《りっとう》町にある菌《くさびら》神社の祭礼には今もってドジョウの熟鮓を神前に供える神事があるなど、滋賀県内で熟鮓を神饌《しんせん》や直会膳《なおらい》に供する神社は二五社に及ぶ（鮓切りの神事四社、神饌一八社、直会膳三社）。このことを見ても、いかに滋賀県は熟鮓文化の歴史と伝統を奥深く持っているかがよくわかる。

真のぜいたく魚卵の熟鮓

琵琶湖北部の余呉《よご》町で賞味した「魚卵の熟鮓」もまったくもってすばらしいものであった。腹に満々と腹子（卵巣）をたたえたゲンゴロウブナ（源五郎鮒）や、ニゴロブナ、コイなどの卵巣だけを取り出し、その卵巣だけで熟鮓をつくるのである。目が痛くなるほど鮮やかな黄金色の卵巣だけを漬け桶に漬け込むのであるから、その豪勢さに圧倒されるのであるが、味のほうも格段に風格のある荘厳さとなり感動した。

一個がだいたい横幅一五センチ、厚さ三センチ級の、黄金色のジャンボな卵巣だけをまず塩漬けし、その後、通常のフナの熟鮓とまったく同じ要領、つまり、飯、卵巣、飯、卵巣といった調子で桶の底から漬け込んでいき、最後の一番上に重石をして、半年から二年ぐらいの間、漬け込む。

もちろん、誰もが熟鮓づくりに成功するとは限らない。発酵の調子を上手に整え、そして絶えず風味を考えながら神経を細やかにして管理しなければならないからだ。炊いた米と塩とフナがあれば、それで熟鮓ができるのだ、と考えるのは間違いで、そこには、漬け込み材料と微生物、そして漬け込む人の経験と熟練などが必要不可欠となるのである。

材料とて、米、塩、フナのみならず、笹の葉、竹の皮、縄、サンショウの実といった、思いもよらない秘具も必要となってくる。フナ鮓をつくるだけでもそんなに緻密な技量が要求されるのに、卵巣だけでそれをおこなうというのであるから、これはむずかしい。

形を崩さず、色を鮮やかに仕上げ、そして豊満な味の卵巣を、さらに発酵によって威厳のある王者の味に育てようというのであるから、なおさらなのである。

その「魚卵の熟鮓」は、そこをすべてクリアしているので、賞味する者にとっては感動ものとなって舌に伝わってくる。まさに真のぜいたくとは、この魚卵熟鮓にのみつけられた呼称と思えるほど強烈なのであった。

その味わい方はただ二つ。その第一は、むずかしいことは何も考えず、ただただ、熱燗の純米酒の肴にして、チビリチビリと飲《や》ること。

第二は、熱いご飯の上に気前よく多めに撒いて、その上から熱い白湯《さゆ》だけを注いで召し上がることだ。お茶漬けではなく、お湯漬けが絶品。こりゃもうたまりませんな。白いご飯に黄金色、いや琥珀色の粒々の発酵卵巣。初めてこれを口にしたとき、私は感動のあまり涙が出た。

日本海沿岸の熟鮓

日本海は古くから大陸の文化を日本列島に伝える海の通路であり、日本海沿岸の食文化の中にはサバ、マス、サケなどの熟鮓がしっかり位置づけられている。近江のフナ鮓も、日本海からサバの道（鯖街道）を通ってきた日本海文化の一つといえる。

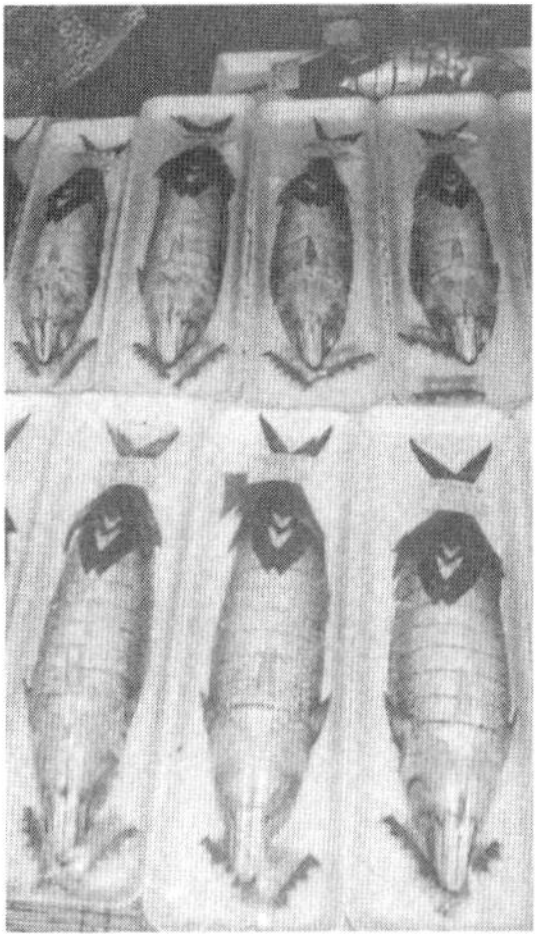
福井県でつくられている見事なサバの熟鮓の一本漬け

日本海沿岸の熟鮓の代表といえばサバ鮓である。北陸では、生臭ものを嫌う寺院でさえ熟鮓を斎《とき》として食する習慣があり、富山県礪《と》波《なみ》平野の南端にある浄土真宗の城端《じようはな》別院善徳寺（城端町）の虫干法会（七月二二日から二八日）と、井波《いなみ》別院瑞泉寺（井波町）の太子伝会（七月二一日から二九日）では、今でも毎年、参詣者にサバの熟鮓を供しているほどである。

井波別院では、サバ一五〇〇匹に塩四〇キロ、米飯九〇キロ、米麹三〇キロ、サンショウの葉、トウガラシ、日本酒少々を原料とし、四斗樽の鮓桶を一三樽用いて仕込みをおこなっている。仕込みの時期は五月二五日前後で、発酵は約六〇キロの重石をして土蔵の中で六〇日間ほどかけてじっくりとおこなう。漬け上がったサバ鮓の味は濃厚で、生臭みのない、熟れた発酵香がすばらしい。

金沢市の名物である蕪鮓《かぶらずし》は名前からするとカブの漬け物のように思う方がいるかもしれないが、これも熟鮓の一つで、青首カブに寒ブリをはさんで麹とともに仕込んだものだ。これを冬、四〇日間ほど厳しい寒さの中でじっくりと発酵・熟成させる。麹とカブの甘味、ブリの塩味とうま味、そして発酵での酸味とが調和し合っていて、冬の金沢を訪れて一度口にした者は生涯その味のとりこになる、といわれるほど、魅惑のある漬け物である。

黒潮が生んだサンマの熟鮓

太平洋岸では和歌山県新宮市や有田郡、海草郡一帯が熟鮓の産地として知られており、これらの熟鮓は独特の臭みを持つので「くされずし」とも呼ばれている。つくり方は、背開きにしたサンマ、サバ、アユなどに塩をたっぷり加え、短いもので一ヵ月、長いものでは一年も漬け込む。これを水に一日さらして塩抜きをした後、炊いた飯を棒状に丸めて魚の腹に入れ、それを鮓樽にぎっしりと詰めて夏場でおよそ二週間、冬なら一ヵ月ほど重石で圧して発酵させるものである。酢を使わずとも自然発酵で酸味を持つようになり、昔から保存食として食べられてきた。

この地方の熟鮓の代表として、なんといっても新宮市の東宝茶屋という料亭でつくられているサンマの熟鮓を二〇年も寝かせた「本熟《ほんな》れ」をあげておきたい。古い歴史を持つ東宝茶屋のご主人松原郁生さんは紀州熟鮓の名人で、熟鮓蔵には三〇年間にわたって毎年漬け込んだ二〇の壺が整然と並んでいて、圧倒される。その蔵で発酵・熟成された「本熟れ」は粥状に溶けたサンマや飯がまるでヨーグルトのような様相と風味を呈していて、それを初めて食べたとき、私は熟鮓の技術の精華を見る思いがしたものであった。

熟鮓で健康になる

熟鮓は魚や肉などの長期保存のみならず、発酵微生物がさまざまなビタミン群を多量に生成・含有するから、ビタミン補給源としても優れた食品であった。そのうえ、熟鮓に含まれている良質の乳酸菌や酪酸菌は生きた活性菌であるため、これを食べると整腸に効果があり、腐敗菌の繁殖を阻止する細菌群が多量に腸内に棲みついて腸内環境を整える。質朴な食生活を送ってきた日本人にとって、熟鮓は貴重な発酵食品であったのである。

したがって熟鮓は滋養食としても活用されてきた。人びとは熟鮓を食べることで体験した保健的効果を見逃さずに、意識的に摂取することで体調を維持してきたのである。

このような熟鮓の健康への効用を私たちが調査した記録があるので紹介しておこう。調査した地域はフナ鮓は彦根市、今津町、長浜市、大津市、マキノ町、高島町といった琵琶湖周辺の市町、サバ鮓は鯖街道で有名な朽木村や余呉町などで、長くこれらの熟鮓を食べてきた人たち約二〇〇〇人を対象にした。設問は「フナ鮓またはサバ鮓を食べてきて、どのような保健的効果があったか」というものである。

それによると、フナ鮓では、一番がお通じがよくなる（便秘の解消）、二番目が下痢が止まる、三番目が疲れた胃がすっきりする、四番目が疲労から回復する、五番目が風邪に効く、であった。そのほか、産後の母乳の出をよくする、男子が食べると子どもをさずかるようになるなど、ユニークな回答も少なくなかった。サバ鮓の調査でも、フナ鮓に共通した回答が多く寄せられていて、熟鮓は昔からこのように、薬食い的な食べ方もされてきたのである。調査した私たちはその知恵に感動すら覚えたものであった。

日本各地の熟鮓

さて以下に、今日日本各地でつくられている熟鮓について整理するために、いくつかのつくり方を簡単に紹介しておく。

【アユの熟鮓】　滋賀県、福井県、富山県、和歌山県、奈良県、島根県、その他。
新鮮なアユの腹を割《さ》いて臓物を去り、そのまま塩漬けにして一日置く。翌日塩水でよく洗い、えらを取り、骨を抜いてから清水でよく洗う。それを酢に漬けてから引き上げ、別に酢飯のよく冷ましたものを握って腹に詰める。これを漬け桶に並べて酢飯を撒き込み、漬け重ねていってから、上からふたをして圧をかける。酢飯以外に麴を加えるところもある。だいたい三ヵ月間発酵させる。このような本熟れアユ鮓のほかに早鮓タイプがあり、これは塩じめ後に酢洗いしたアユを酢飯とともに一〇日間ほど漬け込む。

【サバの熟鮓】 和歌山県有田市、日高町、三重県熊野市、滋賀県朽木村、福井県小浜市、敦賀市、富山県井波町、城端町、その他。

サバの熟鮓も非常に古い歴史を持っている。脂肪ののっていない時期（五、六月）の新鮮なサバの腹を割り、一度塩漬けしてから本漬けに入る。本漬けは炊いた飯を腹に抱かせ、それを漬け桶に飯とともに交互に漬け込んでいって、最後に上から重石をして三〜六ヵ月間発酵させる（本熟れ）。これより発酵期間を短くした（四〇日ほどの発酵）ものを「半熟れ」といい、さらに短く二週間から一ヵ月以内のものを「生熟れ」という。炊いた飯だけでなく麹を用いるところもある。

【めずし】 滋賀県琵琶湖南部（安土町周辺）、湖北部。

「めずし」とは、夏場に食べる熟れの浅い鮓のことで、昔、芽タデが添えられたからこの名があるという。原料となる魚はオイカワ（ハイ、ハイジャコともいう）やモロコ、小アユで、背開きにしてから内臓を取り出し、骨が硬いのはたたいて骨をつぶしておく。それを洗わないでそのまま塩漬け（塩切り）して、めずしが入用となる夏まで置いておく。だいたい、夏のお盆のときに食べるのが習慣で、お盆の四日ほど前にその塩漬けオイカワを取り出し、一度水に漬けて塩抜きし、それを水切りして水気を布巾で拭いた後、一〇分ぐらい酢に漬け、これを漬け桶に飯とともに漬け込んでいき、三日から四日後に食する。

【サンマずし】和歌山県南部（南紀）地方。

サンマの頭や内臓、中骨を去った後、腹割りし、よく水洗いしてから食塩水に二、三時間漬けたあと、水洗いする（このとき腹部の小骨を抜く）。次に水を切って日干しまたは陰干ししてから一夜酢漬けにする。酢を切ってから酢飯（米一升に対して酢〇・一八リットル、食塩四〇グラム、砂糖一五〇グラム）を握って腹に抱き込ませる。これを一昼夜置いて味を熟らせ（発酵）、切って食べる。

【ハタハタずし】秋田県。

ハタハタずしは秋田の正月には欠かすことのできない郷土料理である。一一月下旬から一二月にかけて、男鹿半島付近に押し寄せるハタハタでつくる熟鮓。「一匹漬け」と称して、頭、尾、内臓（ブリコ＝卵巣は残す）を取り除き、四つ切りにしてから一日数回、水を取り替えながら三日ほど続けて、赤い汁が出なくなるまで水洗いする。これを水切りしてから一日酢に漬ける。一方では飯を炊き、これに麴と塩を加え、よく混ぜる。ニンジン、カブは千切りにしておき、さらにコンブや柚子を刻んでおく。

よく洗った樽にハタハタを敷き、その上に野菜類やコンブ、柚子などをふりかけ、さらにその上にハタハタと、くり返し層に漬け込んでいく。上からふたをし、重石をして二、三週間発酵させてから食べる。仕込み配合はハタハタ一五キロ、飯四・二キロ、塩一キロ、麹二・五キロ、カブ三キロ、コンブ四〇〇グラム、柚子五個、酢〇・三五リットル。

これはじつにうまい。シコシコとしたハタハタの身から濃いが上品なうま味が出てきて、そこに米麹からの微かな甘味がのるものだから一匹、二匹と、ついついたくさん食べてしまうことになる。

【ニシンずし】北海道。

生のニシンの頭、内臓、尾、骨を除き、それを水洗いしてから適宜の大きさに切る。それを食塩水中に一夜漬けて肉を締め、次いで日に数回換水しながら二日ぐらい淡水で水さらしをする。これを水切りし、樽に魚を入れ、飯、麹、日本酒、みりん、酢、野菜（薄切りしたり千切りにしたニンジン、ダイコン、ショウガなど）とともに漬け込む。一一月頃漬け込めば正月には食べられる。仕込み配合はニシン四キロ、ニンジン二キロ、ダイコン四キロ、白米一・五キロ、日本酒〇・九リットル、麹三〇〇グラム、酢〇・二リットル、みりん〇・九リットル、ショウガ少々。ニシンの代わりにサケを使うこともある。

2　中国に熟鮓をたずねて

少数民族の食文化として

中国は熟鮓の発祥地といわれ、その歴史と伝統には悠久の感がある。最大の人口を占める漢民族と少数民族とが混在する国であるが、漢民族の間では熟鮓は忘れ去られた食品といってもよく、現在、熟鮓文化を持っているのは少数民族である。

貴州省は熟鮓文化のもっとも色濃いところで、中でも苗《ミャオ》族の熟鮓は大変に伝統がある。漬ける材料は川や池、沼、田から捕獲してきた淡水魚（コイ、フナ、ソウギョ、レンギョ、ナマズなど）で、内臓を取り去り、塩を腹の中にすり込んでから囲炉裏の真上につくった棚に上げておき、一ヵ月間ほど煙でいぶし、次にこの乾燻魚の腹の中に蒸したもち米、トウガラシ、塩を詰める。それを泡菜《パオツァイ》（漬け物）用のかめ（ふたの上部に水を張って密閉できるような構造になっている）に詰めて密封しておくと、蒸米部分から乳酸菌による乳酸発酵が起こりはじめる。だいたい六ヵ月ほど発酵・熟成させたら食べられる。

同じ貴州省のトン族やヤオ族も魚の熟鮓をつくるが、こちらのほうはいぶすということはせず、生のものの腹を割って腸を出し、そこに蒸米と塩を詰めてかめに入れて発酵させる。また日本の琵琶湖のフナ鮓に似て、仕込み用のかめの底に蒸米を敷き、その上に塩でまぶした魚をびっしりと並べ、またその上に蒸米を重ねる、といった方法で漬け込んでいき、一番上層の蒸米に塩を一面に撒いてから内ぶたをかけ、その上に重石をするものもあった。これなどまさしく日本のフナ鮓のつくり方に似ている。湖北省の武漢市郊外の長江（揚子江）支流周辺には、川エビを塩と酒とで漬け込んだ熟鮓があった。その食べ方は蒸したり、野菜などと炒めたり、また鍋料理にも使っていた。この熟鮓を入れると、料理はぐっと風味がよくなり、食欲が湧いてくる。

そのような料理に用いられることから発生したのかどうかはわからないが、この地方には「辣鮓《ラーツァ》」という珍しいトウガラシの熟鮓もある。秋の収穫期に採ったトウガラシを塩とともに米粉、酒で漬け込んだもので、一ヵ月ぐらいしてから食べる。生のままのトウガラシで漬け込むこともあり、また一度乾燥させてから粉状にして漬け込むこともある。発酵することによってトウガラシの激しい辛味は熟れてきて、やや酸味を帯びたマイルドな辛味に変身するからすばらしい。さまざまな料理への調味料として重宝していた。

私がすでに四度も訪ねた広西チュワン族自治区三江県程陽村ならびに白岩村のトン族の熟鮓は、ほとんどがコイやフナ、ソウギョといった川魚で、ここも日本の琵琶湖周辺のフナの熟鮓と非常によく似た方法でつくっていた。ただし米は、日本ではうるち米で炊いた飯を使うのに対し、トン族はもち米を蒸して使う。

トン族の四〇年もの熟鮓

このトン族の熟鮓は、日本でいう「本熟れ」タイプが多く、驚いたことに私が出会った一番古いコイの熟鮓は四〇年ものであった。

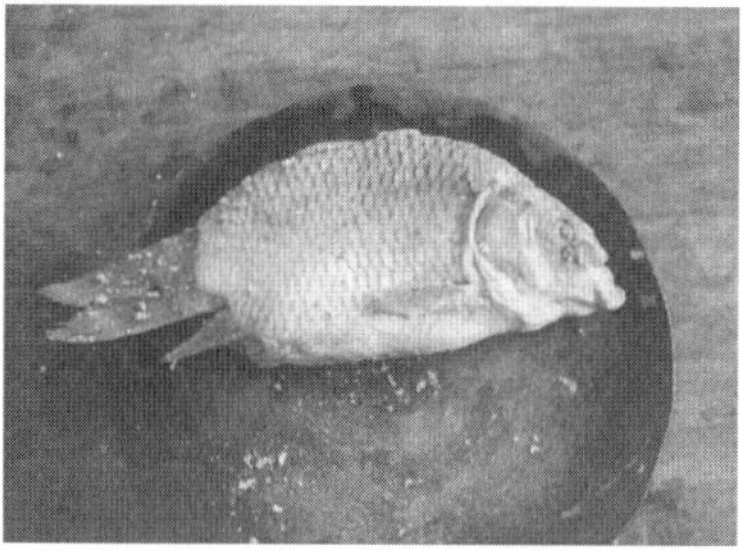

40年間発酵・熟成させたコイの熟鮓。味はチーズのごとくだった（中国広西チュワン族自治区三江県で）

程陽村の村長宅に招かれていったとき、村長とその息子は、「古い熟鮓があるけど、見てみるか」というので、私はぜひ見たいといい、一体いつ頃の熟鮓かと聞いたところ、平然と「四〇年前のだ」という。私はびっくり仰天して、本当に四〇年前なのかどうかを確認したら、父親は「間違いなく四〇年前だよ。だってこいつの年は今、四〇歳。生まれた年に、その記念に漬け込んだのだ」というのであった。

この地方には、子ども、とくにその家を継ぐ長男が誕生すると、魚の熟鮓を大きな壺にいくつも漬け込んで、その子が大きくなってから、成人式とか結婚式とかいった祝いごとがあると、漬け込んでいたかめから出して食べる習慣があるという。

ではさっそく見せていただきましょうと、四〇歳の長男に案内されて台所の隣の、暗くて何も見えないような部屋に向かった。その部屋を懐中電灯で照らしてみたら、そこには大小さまざまなかめや壺が所狭しと並べてあって、その一つ一つには大きな石がのせてあった。漬け物専用の部屋のようであり、これを見て、本当に少数民族の人たちは発酵食品を豊かに持っているのだなあということがよくわかった。

そしてその発酵室の一番奥のほうにひときわ目立って大きなかめがあり、そこまで行くと長男は重石とふたを取った。するとそのかめの底のほうに、その熟鮓が五、六匹分ひっそりと横たわっているのが見えた。不思議なことにまったく外観が崩れておらず、原形をそのまま残していた。四〇年間もたったのに、なぜこのようにしっかりと残っていたかは興味深いことだが、一般に海の魚より淡水産の魚のほうが骨格やうろこはしっかりとしているそうなので、そのためなのかもしれない。

前述した新宮市の東宝茶屋でつくっている「サンマの熟鮓二〇年もの」では二〇年の間に完全にサンマも飯粒も溶けてしまっていて、ドロドロのヨーグルト状になっていたのを考えると、いかにこのコイがしっかりしていたかがわかるだろう。私の考えでは、とにかくこの国は石灰質が多く、中でもこの広西チュワン族自治区や雲南省、貴州省などは石灰質台地であるので、川や池の水には石灰成分としてカルシウムやリンが豊富に含まれている。それがコイやフナの骨格に蓄積することとなり、強健剛強な淡水魚ができあがったのではないだろうか。

豚肉の熟鮓一〇年もの

それにしても、あの広い中国では台湾も含めて探せば、どんどん珍しい漬け物が出てくるような気がしてならない。村長の家には、このコイの熟鮓四〇年もののほかに、豚肉の熟鮓の一〇年ものもあった。

ブタは魚より脂肪が多く、一年、二年とたっていくうちに、その脂肪が酸化して渋くなったり異臭が出たり褐色に変化したりして、とても食べられる代物ではなくなる。ところがこの豚肉の一〇年ものの熟鮓は、脂肪も酸化することなくしっかりと白色で残っていて、まことに不思議なものであった。おそらく、これだけ長く発酵させても酸化や劣化が起こらないのだから、何らかの形で酸化防止のための物質（抗酸化物質）が生成されているのではないだろうか。

これらの食べ物の中から、そのような物質を生産する発酵菌を特定すれば、将来その菌に天然の抗酸化物質を生産させることができ、それを利用することによって、酸化防止剤の食品への添加は必要なくなるかもしれない。人類にとっての福音の一つ

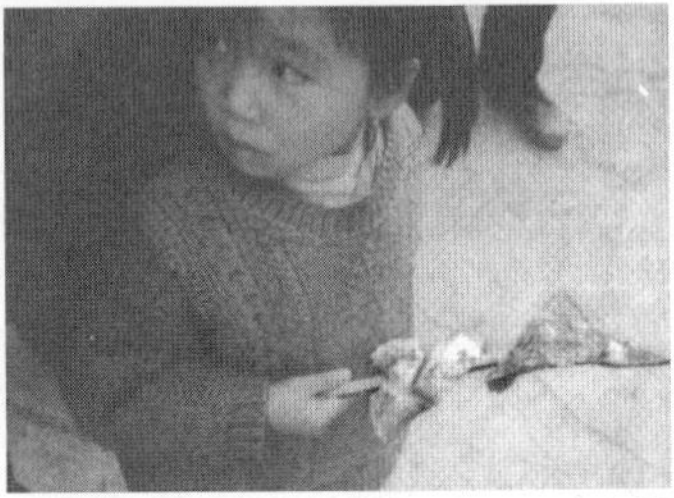

トン族の子どもがおやつに食べていた豚肉の熟鮓

が、このような少数民族の食卓から出てきたなどということになったら、それこそすばらしいことである。

　なお、豚肉の熟鮓は、この地方では珍しいものではなく、子どものおやつなどとしても食べられている。写真は同じ広西チュワン族自治区のトン族の子どもがおやつに持っていた豚肉の熟鮓で、こんな小さい子どもでも日常茶飯事に熟鮓を食べているわけだ。また、白いコメを使わずにコメの糠と塩と川魚でつくった熟鮓もあった。

　広西省の大傜山周辺に住むヤオ族の熟鮓は家畜肉のみならず、野鳥、野獣（クマ、ヤマネコ、シカ、サル、イノシシ、ウサギなど）、カエル、トカゲなどの肉を漬けて熟鮓にする。彼らはその熟鮓の持つ酸味から「醋肉《ツーロウ》」と呼んでいて、その漬け方は泡菜用のかめの底に肉を敷き、その上に煎った米の粉と塩を混ぜ合わせたものを肉の厚さと同じぐらい敷き、さらにその上に肉の層をつくる……、というように、この漬け込みをくり返しおこなっていく。最後の一番上を煎米粉と塩の層にしてからふたをし、発酵させる。

三ヵ月目ぐらいから肉は酸っぱくなるが、文献（石毛直道、ケネス・ラドル共著

『魚醬とナレズシの研究』岩波書店。この本は魚醬や熟鮓などモンスーン・アジアの食事文化に興味を抱く人には必読の名著である。本章を書くのにも非常に参考にさせていただいた）によると、ときには五、六十年を経たものがあるという。そのような長期間貯えたものは薬用にされるということである。

3　朝鮮半島の熟鮓

海の魚を材料に

中国と陸伝いに隣接している朝鮮半島は、熟鮓の歴史と伝統も古い。「食醢」または「食醢」という漢字が当てられたのは李朝時代からだというが、実際につくられて食べられた最初は、もっと古い時代からだと考えられている。今は熟鮓のことを「シッケ」と呼んでいる。ただし、普通の塩辛や米の入った塩辛のことも「シッケ」と呼ぶので、なかなか区別がつきにくい。

朝鮮半島でのシッケの特徴は海の魚を原料とするものが多いことで、その材料となるのはスケトウダラ、イシモチ、カレイ、ハタハタ、イワシ、イカなどである。

たとえばスケトウダラのシッケは、スケトウダラを洗ってから水切りし、それを小片に切り分け、一晩置いて翌日もう一度洗い、水を切ってから布に包んでおく。別にアワ（粟）を炊き、それにトウガラシの粉と塩を加え、よく合わせてからかめに仕込む。それに中ぶたを落として空気が入らないようにしっかりとふたをし、揚がってくる汁をすくい取る。

カレイ（鰈）の熟鮓である「カジャミ・シッケ」は骨つきのままのカレイをぶつ切りにして塩をし、炊いたアワ、トウガラシ、千切りダイコンなどとともにかめに漬け込んだ熟鮓のことである。

ハタハタのシッケも有名で、ハタハタを乾かしておき、別に炊いたアワかもち米を、これも乾かしてから両者を合わせ、トウガラシで味つけしてから塩で漬け込む。また、イワシのシッケも同じように頭を取り去ったものを天日に干して乾かし、干した米飯と合わせてからトウガラシや他の香辛料（ニンニク、ショウガ、ネギなど）とともに塩で漬け込む。

このほか「チュンジュ・シッケ」というのは、タチウオを天日で干し、それを炊いた米飯と麦芽、それに塩、トウガラシ、ニンニクを混ぜた漬け床に漬け込む。それにふたを強くはめ込み、かめを上下逆にして発酵させると汁が流れ出てくるから魚肉は締まり、美味となる。

朝鮮半島の熟鮓は、このように生身の魚を使うものと、天日に干して乾燥してから仕込むという二つの方法があり、さらに米以外にアワや麦芽などの炭水化物源を使うなど、ユニークな熟鮓文化を持っている。

4　東南アジア各地の熟鮓

タイ

タイは南北に細長い形をしており、北タイ、東北タイ、中部タイ、南部タイというように便宜的に分けられている。それらの地域にはそれぞれ異なった熟鮓文化が存在していて、まことに魚介類の発酵食品の多い国である。したがって、熟鮓という意味の表現も「プラ・ジャオ」「パー・ソム」「パー・チャオ」などさまざまで、それぞれに意味を持っている。

たとえば、タイの熟鮓には大きく分けて四タイプあって、魚を原形のまま米飯で漬けたのが「パー・ソム」、魚や獣肉を切り刻んで肉を米飯で漬け込んだ「マム」、「パー・マム」または「ネーム」、魚を麹で漬け込んだのは「パー・チャオ」、塩辛タイプのものが「パー・チャム」などという。

東北タイの「パー・ソム」を例にすると、原料の魚はパー・ソイという名の日本のフナに似た淡水魚で、これのうろこ、頭、内臓を去り、魚一〇キロに対して塩八〇〇グラム、炊いたもち米一リットル、ニンニク一〇〇グラム、砂糖テーブルスプーン一杯を混ぜ、石油缶の内側にビニール袋を入れたものの中で発酵させる。漬け込んでから三日目ぐらいから酸味が出て、四、五日目から食用に供することができる。密閉した状態で五〇日間保存可能であるという（前出『魚醤とナレズシの研究』より）。

昔は飯のおかずとして、トウガラシやニンニクなどの薬味をつけて生で食べたが、今は衛生上の理由から油で揚げたり炒めたりして食べることが多い。

東北タイの「パー・マム」は、原料魚のパー・カウの魚肉を細かく刻み、それに塩、うるち米の飯、煎米粉、ニンニクなどを混ぜ、かめに入れて密閉し、四、五日で食用可能になる。でき上がったものはよく発酵していてグチャグチャの性状となる。

ベトナム

タイ、ラオスなどと同じく大河メコンの恩恵を受けているため淡水魚の熟鮓が多い。ベトナムでもっとも一般的な「マム・チュア」では、材料の淡水魚の頭やうろこ、内臓を去り、魚全体に塩をすり込む。そして、漬け込むかめの底に塩を敷き、魚を並べ、その上に塩というふうに交互に漬け込んでいき、最後にふたをして三、四日置いておく。次に本漬けは、魚を取り出し、それにうるち米を煎って粉にしたものに塩を加えて混ぜたものをまぶす。それをふたたびかめに入れてふたをし、煮立ててから冷ました塩水を口のところまで注いで保存する。一ヵ月後から食用とするが、数年間貯蔵することもある。

エビの熟鮓「マム・チュア」は次のようにつくる。体長三、四センチの新鮮なエビを塩水で洗い、頭部を去る。これにメコンウイスキー（米焼酎）を少し注いでから塩を混ぜ、さらにもち米の飯、タケノコ、ニンニク、トウガラシ粉などを加え、かめに仕込んでふたをし、重石をして発酵させる。二週間目頃から食べられ、濃いうま味と酸味がする。

カンボジア

いわゆる熟鮓を「ファーク」といい、塩辛タイプのものを「マム」という。ファークには漬ける魚介によってさまざまなものがあり、淡水魚がもっとも多く、中にはエビ、カニ、ナマズ、ライギョなどの熟鮓もある。

淡水魚を使った代表的な「ファーク」は次のようである。魚は頭、内臓、うろこを取り去り、切り身にする。この魚の量に対し約三〇パーセントの塩を加えてかめの中に仕込み、ふたをして一、二ヵ月置く。次に魚を取り出し、それを蒸したもち米と麹とを加えた漬け床に交互に漬けていき、本仕込みをおこなう。内ぶたを落として重石をし、二ヵ月間ほどで食用となる。この仕込み方法は日本の熟鮓にきわめてよく似ている。生食することもあるが、大半は蒸して食べる。

「マム」は淡水魚を水で洗ってからそのまま一夜、水に漬けておく。次に水を吸ってふくれ上がった魚の頭、内臓、うろこなどを取り去り、塩で漬ける。塩の量は魚量に対して約二〇パーセント。これを一ヵ月間置いてから、それにうるち米を煎って粉にしたものを加え（魚量に対して約二〇パーセント）、二ヵ月間発酵・熟成させる。この魚にヤシから採った砂糖をまぶし、ふたたびかめに戻して漬け直し、一、二ヵ月発酵、熟成してでき上がる。ドロドロとした塩辛タイプのものなので炊いた飯のおかずにすることが多い。

マレーシア

「チンチャーロ」という小エビの熟鮓と、「プカサム」という淡水魚の熟鮓が有名だ。前者は小エビに塩とうるち米の飯を混ぜ、これに紅麴を少量加え、かめに入れてふたをし、一五日目に食用可能になる。塩とうるち米の量は、魚に対してそれぞれ約一〇パーセントぐらいである。紅麴を入れるのは、でき上がってからの色をよくするためであるが、紅麴を入れないものもある。タマネギやトウガラシ、レタスなどを刻んで混ぜ合わせたものに、この熟鮓をかけて食べることが多い。

「プカサム」は淡水魚を塩水に漬けて一晩置いたものを水切りし、全体量に対し塩二〇パーセント、煎米粉五〇パーセントおよび少量のタマリンド（爽やかさを持った酸味のあるマメ科の果実）を配合した漬け床にその魚を漬けて三～五週間発酵させたものである。

フィリピン

フィリピンにおける熟鮓の文化は、他の東南アジアと比べると希薄で、その分布はルソン島中部のみである。そのルソン島で熟鮓のことを「ブロン・イスダ」といい、「ブロン」は「発酵した」、「イスダ」は「魚」を表す言葉である。魚と塩と米飯だけで漬けるものと、さらに紅麹を加えるものの二種がある。原料魚は淡水魚ではティラピア、タナゴ、アユンギン、ライギョ、ナマズなど、海産魚はバングス、ダンドゥリと呼ぶ魚で、バラオ、ヒポンといった小エビも用いる。多くの場合、野菜と炒めたり、ココナッツミルクで煮て食べる。

インドネシア

インドネシアもフィリピンに似た熟鮓文化の希薄な国で、やはり島嶼《とうしょ》であるジャワ島中部やスマトラ、スラウェシなど限定された地域に存在する。原料は海産魚、淡水魚のいずれも使っている。「ブカセム」という熟鮓は、魚を背開きしてから腸を去り、その魚に塩をまぶす。これを漬け込み容器に底から並べ、一番上にバナナの葉をかぶせ、重石をして一日放置後、魚を取り出して汁切りをする。この魚を炊いた米飯で包むようにし、ふたたび容器に下から重ねて漬け込んでいく。一番上にバナナの葉をのせ、重石をしてからふたをし、一〇日間ほど発酵させて食用に供する。食べ方は油で揚げることが多く、煮た大豆にクモノスカビを繁殖させてつくった伝統的な発酵食品であるテンペとともに健康食品として食べられている。

「マシン」という熟鮓はエビまたは小魚を原料とする。炊いた米飯と塩を混ぜ、原料の魚介と合わせる。これを底にバナナの葉を敷いたかめに漬け込んでいき、一番上をバナナの葉でおおい、二、三日発酵したところで食べる。漬け込むときにトウガラシ、タマネギ、ショウガといった香辛料を刻んだものを加えることも多い。

ミャンマー

ミャンマーは南はベンガル湾に接し、北は山岳地帯であるので、食の文化は複雑であるが、この国では熟鮓は北に行くほどよくつくられている。とりわけタイ、ラオス、中国との国境に近いシャン州では、隣接する国々からの影響もあって、熟鮓は実によく食べられている。

先にも述べたように、この国はアジア有数の漬け物王国といって過言ではなく、その漬け物のジャンルの中にしっかりと熟鮓が位置づけされているのであった。

南のほうのベンガル湾に接する地帯では、熟鮓はあまり知られた食品ではなく、首都のヤンゴンでもそう多くは見かけない。ところがマンダレーから北に行くと熟鮓を見ない市場はなく、どんな自由市場や路上でも買うことができる。ミャンマーはイラワジ川やチンドウィン川、サルウィン川といった大河が北から南に流れていて、その川の周辺にはいくつかの民族が生活しているために、大昔から淡水魚を使った熟鮓が豊かに発展してきたのである。

路上で売られていた淡水魚の熟鮓。実にしっかりと発酵していた（ミャンマーのタウンジー市で）

また、雨季が長く雨量も多いために、あちこちに沼や湖があって、そこには魚が驚くほど濃い密度で生息している。たとえば、有名なインレー湖はコイ、フナ、ウナギ、ナマズ、ソウギョ、ライギョ、レンギョなどの大漁場で、その湖の上に浮かぶ浮き畑の村や町の市場、湖に近い町の自由市場などには淡水魚専門の店がいたるところにあり、それらを原料にした熟鮓もよく売られている。

もっとも多く熟鮓が食べられているのはシャン州で、次いでマンダレー州、ザガイン管区、カチン州である。シャン州の州都タウンジーは高原の町として知られ、あちこちにある公設市場や自由市場、露店には、前頁の写真のように熟鮓が並べられている。

それらの州での熟鮓の呼び方は「ンガチン」である。その意味は「酸っぱい魚」。一般的には淡水魚の頭、内臓、うろこを去り、それに塩をしてからうるち米の飯を混ぜてかめに漬け込み、ふたと重石をして一週間発酵させてから食に供するが、長い期間保存させるためには塩の量を通常より多くする。

インレー湖で捕った魚を熟鮓にして、タウンジーの市場で売っていたものは、頭を取らずに内臓とうろこだけを去り、それを塩と飯で漬け込んだタイプのものだった。さらにその熟鮓を、トマト、トウガラシ、ゴマを加えた米飯の床に漬け直し、発酵させたのが「タミンチン」という熟鮓である。

ミャンマーではそれらの熟鮓をそのままで食べることもあるが、多くの場合は小麦粉をまぶしてから油で揚げる唐揚か、またはカレーの具にする。ミャンマーはインドと接する国であるので、さまざまなカレーがインドから伝播してきており、ミャンマー風の味つけに熟鮓は重要な役割を果たしているのであった。

さて、次頁の写真に示したのはなかなか珍しい携帯用の熟鮓である。熟鮓を葉で固く包み、それを紐でしばってぐるぐる巻きにした携帯食で、「ンガチン」と呼ぶ。昔は熟鮓そのものを葉に包んでいたというが、今は酢でしめた魚と酢飯を混ぜたものを葉に包んでいるという。この携帯食をつくっているところを見学に行ったところ、使っている魚はナマズと川エビで、一週間ぐらいは日持ちがするということであった。

ところでミャンマーでの調査の間、いたるところで目立ったのが魚の漬け物である。写真のように、エビをすり身にして、それを塩とともにかめに漬け込み、じっくりと発酵させると、「セインザー・ガピ」と呼ぶ、少し赤みがかった、ちょうど味噌

ナマズと米飯を材料とした「ンガチンヂン」という携帯用の熟鮓（ミャンマーのマンダレー市で）

「セインザー・ガピ」はエビを原料にした発酵食品で、ほとんどの料理に味つけとして使われる。土饅頭のように盛って売られていた（ミャンマーのヤンゴン市で）

のようなペースト状になる。

これを器に盛って土饅頭のように丸く盛り上げて売っているのであった。もちろん計り売りである。日本の味噌や醬油と同じぐらい生活の一部になっている調味料で、肉や魚などのおかずがなくとも、これがあれば食事ができるというので、どんな貧しい人でもこの魚の発酵食品だけは欠かさないという。

カンボジアではこれとまったく同じように器の上に土饅頭に盛られた魚の発酵食品があり、これはエビではなく、淡水魚と塩をかめに漬けて発酵させたものである。とにかく東南アジアの人びとは、このように塩の存在下における魚の発酵食品を食卓に欠かすことは、まずあり得ないのである。

5　その他の国々の熟鮓的漬け物

極北の漬け物

熟鮓は東アジアおよび東南アジア一帯に分布する伝統的発酵食品である。しかし、魚や獣肉を漬け込んで長期間保存し、それを食べたり調味料にするという、いわゆる熟鮓的漬け物は、アジア以外にもまれに存在している。以下にそれらについていくつか述べよう。

まず、カナディアン・イヌイット（エスキモー）のアザラシの一頭漬けともいうべき発酵食品である。これは肉や内臓を取り去ったアザラシの腹の中に海鳥ウミスズメの一種を四、五十羽も詰め込んだあと、糸で縫い合わせ、それを地面に掘った穴の中で発酵・熟成させるもので、「キビヤック」と呼ばれている。

短い夏を中心に六ヵ月ほど穴の中に入れて土をかぶせておき、発酵が終わった後に取り出すとアザラシはグシャグシャの状態となっている。一方ウミスズメのほうは、ほとんどそのままの形で出てくるのだが、乳酸菌、酪酸菌、酵母などによって発酵を受けていて、くさややフナ鮓、腐ったギンナンなどを混ぜたような強烈な匂いを発している。そのウミスズメの肛門に口をつけ、発酵した体液を吸い出し味わうのである。

イヌイットの人たちは、セイウチやアザラシ、イッカク、クジラなどの肉を生で食べる場合にはこのキビヤックを肉につけることはない。ところが、焼いたり煮たりした肉にはキビヤックをつけて食べる。キビヤックには各種ビタミンが豊富に含まれているため、加熱によって失われたビタミン類を補給するというわけである。

このキビヤックに似た漬け物は北極圏にはまだある。たとえば北シベリアの「キスラヤ・ルイバ」（ロシア語で「酸っぱい魚」の意）という食べ物は、土に穴を掘り、その穴の中に魚を入れて保存するのであるが、この保存中に魚は発酵して酸っぱくなり、強烈な匂いを発するようになる。きっとキビヤックに似た風味を持った食べ物であろうが、この匂いに慣れた者にとっては、やめられないほど好まれるという。

こうして、秋に獲れた魚で干し魚や燻製として加工しきれなかった魚をその穴に貯えておいて発酵させ、冬から春にかけての重要なビタミン補給食兼保存食にするという。掘り出してからそのままの状態で食べるのが普通だが、イヌの餌としても利用される。

さらに、西シベリアのセリクープ族による、魚とベリー類（漿果類）を穴の中で仕込んで発酵させたもの、ユカギール族によるキスラヤ・ルイバと同じ方法でガン（雁）の肉を発酵させたもの、チュコト半島のチュクチ族によるセイウチの肉を皮袋に詰めて縫い合わせてから穴に入れて発酵させたもの、カムチャツカ半島のイテリメン（カムチャダール族ともいう）による土の中あるいは皮袋の中で発酵させた魚卵など、おもしろいものが少なくない。最後のものなど日本でもつくってみれば、珍味として大いにヒットするかもしれない。

このように微生物の生息しにくい極寒の極北地方にも驚くべき知恵を使った漬け物が存在しているのである。

熱帯アジアとアフリカでは

転じて今度は暑い地方の熟鮓的な魚の発酵食品を見てみよう。

インド・アッサム地方のかなり広い地域では、淡水魚の保存発酵食品がつくられており、これも強烈な匂いのするものらしい。ベンガル語で「シダル」といい、きわめて珍しいつくり方をするので、感心してしまった。内臓を取った鮮魚を半生ぐらいに乾かしたものを足で踏みつぶして平たくし、それを竹筒やヒョウタンの容器に漬け込み、容器の口を草木を燃やした灰でおおう。それを炉の上の棚など暖かい場所に置いて発酵させる。一ヵ月ほどたてば食用可能となり、この状態で一年間保存することができるという。

食べ方は、さまざまなカレー料理に少量入れる調味料的な利用法のほかに、バナナの葉に包んで熱い灰の中に入れて焼き、これに塩とトウガラシをのせる食べ方、トウガラシとともに煮て一種のソースにするなどの食べ方があるという。煮るときには、灰を水で溶いてつくったアルカリ水を混ぜるとのことで、とにかく手が込んでいる。

竹筒の上に灰をまぶしたり、煮込み料理に灰を加えることは明らかに雑菌や腐敗菌による汚染を防止する（灰には強い殺菌性がある。拙著『灰に謎あり』ＮＴＴ出版参照）ための知恵であろう。発酵法と灰との相乗効果によって、暑い地域でも貴重なタンパク源としての魚を有効に保存しようという発想には恐れ入った。

一方、ブータンの「ニャ・ソーデ」（ニャは「魚」、ソーデは「腐ったもの」という意味）では主としてコイ科の淡水魚を材料としていて、魚肉を竹筒に漬け込み、木の葉を丸めて栓とし、さらにバナナの葉をかぶせて外ぶたにする。これを数ヵ月間発酵させて食用にするが、食べ方は団子状に丸めて酒の肴にしたり、煮物料理の中に入れて風味づけにするということだ。

スリランカの「ジャーディ」は、セアーという大型の魚の切り身に、塩、タマリンド、サフランを加え、三週間ほど温い部屋で発酵させたものである。強烈な臭みがあり、焼く、煮る、揚げるなどしてカレー料理に使ったりする。貯蔵中に虫がわいても、それごと食用にしてしまうという。

西アフリカのセネガルやモーリタニアでつくられている「グウェーデ」という発酵干し魚は、そのつくり方が日本のくさやに似ているのがおもしろい。これはウツボ科やタイ科、ボラ科などの魚の切り身を桶に漬け込み、二、三日発酵させるもので、暑い日は発酵が進み過ぎないように桶の中に海水を注ぎ込む。これを天日に当てて四〜一〇日かけて乾燥させる。でき上がりでは三〇〜五〇パーセントの水分を含む柔らかな干し魚になるという。

副食物として食べられるらしいが、強力な味と匂いのする発酵魚の乾燥品であるから、味も日本のくさやに似ているのかもしれない。ぜひ食べてみたい気がする。

第五章　日本の魚介漬け物を食べ歩く

わが国は四方を海に囲まれた海洋国であるうえに、南から黒潮（暖流）、北から親潮（寒流）が絶えず流れてきて、それが交差する好漁場をいたるところに持っている。その結果、日本近海は世界的にも魚影の濃い地域となり、日本人は世界一魚介をよく食べる民族となった。

ここでは、世界屈指の魚食い民族日本人が編み出してきた魚の食べ方の中から、本書の主題である「漬け物」としての魚を述べることにする。ただし、日本にはあまりにも「魚の漬け物」が多いので、そのすべてを網羅することはとうていできない。そこで第四章で紹介した熟鮓を除く、私がこれまで出会ったものについて、つくり方を含めて書き留めることにした。

北海道の松前漬けとメフン

まず、北海道の「松前漬け」から。これは酒の肴にも、ご飯のおかずにもなる重宝な漬け物である。用意するものはスルメ、ニンジン、コンブ、カズノコで、まず鍋に醤油（茶碗一杯）とみりん（茶碗に半分）を入れて、煮立ててから冷ましておく。スルメとコンブはだいたい三センチ長さの千切りにし、ニンジンも同様にし、カズノコは細かく砕いておく。

容器に以上の材料を入れ、冷ました漬け汁を注いで漬け込むと、一週間ぐらいで食べられる。トロントロンとコンブによる糸引きがよく、イカのシコシコとした感触と奥味のあるうま味がうれしい。長く保存しておいたものは塩辛くなるので、キュウリやダイコンの千切りを加えてさっと和えるようにして漬け物感覚で食べるとよろしい。

今一つ北海道で忘れてはならない名物にメフンがある。これはサケの背骨の内側についている腎臓を塩辛にしたものだ。凝固した血液状の腎臓を水洗いして十分に水切りしたものを三〇パーセントほどの食塩水で塩漬けにする。そして浸出液を流出させて固まらせ、それを陰干しした後に桶に密封して発酵させるのである。

江戸時代に書かれた『本朝食鑑《ほんちょうしょくかがみ》』にも「背腸、セワタと訓す。ミナワタとも訓す。丹後、信濃、越中、越後ともにこれを貢す。今のシオカラにして常に奥越ともにこれを献ず。味もまた佳なり」とあるように、むかしは本州の日本海沿岸でつくられていた名物だった。

ドロドロとした黒褐色をしており見た目はよくないが、コクのある純米酒などの肴にすると絶品で、私の大好物である。メフンに少量の日本酒を加えて溶いて肴にするといっそうの美味となるので覚えておくとよい。

北海道に多いニシンの漬け物

北海道の代表的な魚といえばニシンである。したがって北海道を旅するとニシンの漬け物が大変に多い。その中でも「ニシンの切り込み」という漬け物は簡単にして美味なので、私も家でときどきつくる。材料は新鮮な生のニシン一匹と麹五〇グラム、赤トウガラシ一本、塩、酒。ニシンはうろこを取ってから三枚におろし、端から厚さ一センチぐらいに切っていく。麹はあらかじめ湯で溶いて粥状にし、赤トウガラシは筒切りにする。ふたのできる広口ビンにニシン、麹、赤トウガラシ、塩大さじ二、酒少々を入れ、密封して一ヵ月から三ヵ月して食べる。塩辛状になったニシンのうま味とコク味がたまらない。

「ニシンのダイコン漬け」もうれしい肴だ。干しダイコンに塩をして、重石をかけて塩漬けし、それに身欠ニシン、麹、赤トウガラシを混ぜて本漬けとしたもので、ダイコンにも身欠ニシンのうま味がのって、美味な漬け物であった。

北海道にはこのほかにニシン鮓、サケを原料にした鮓など豊富に魚漬けが存在している。サケの漬け物といえば、北海道に限らず、北日本にはあちこちに点在する。たとえば福島県には「紅菜漬け」というのがあって、これはベニザケの身を米麴と塩とで漬け込んだもので、甘じょっぱさの中に紅色の美しいサケから出てきた奥の深いうま味がうれしい。

また、サケの卵巣が「イクラの醬油漬け」としてビンに入れられ、売られているのは重宝で、酒の肴やイクラ丼にして食べると絶品だ。また、スジコ（筋子）もサケの卵巣の塩漬け品である。

魚卵の漬け物の数々

かつてはニシンのことを「カドイワシ」、または「カド」といったから、「カドの子」が転訛して「カズの子」になったという。カズノコは乾燥したものでも塩漬けにしたものでも、まず米糠を入れた水に漬けて戻したり、塩抜きすると、渋味が抜けて早く食用に適するものとなる。その後、筋を去ってから適宜に割き、花鰹に生醬油《きじょうゆ》というのが普通の賞味法である。

昔、北陸にあった「カズノコの甘露漬け」は、この真子（卵巣）が格安であったころを象徴するかのような豪快なものであった。乾燥カズノコ山盛り一升を醬油一升、酒一升、麴一升の割で合わせた中へ漬け込み、べっ甲色になったものを賞味した。この漬け方の秘伝は、乾燥したカズノコをぬるま湯とたわしで素早くゴシゴシと洗ってからすぐに漬け込むことで、けっして水に漬けて戻さないことである。漬け込んだら、なるべく密閉して二〇日ぐらいしてから茶請けや酒の肴にする。

最近のカズノコは大半が塩漬けされたものになってしまったが、まだ函館や青森の市場には乾物が置いてある。塩漬けよりもこちらのほうが香り豊かで味が複雑なうえに、一種特有のノスタルジーがあってうれしいものである。硬いままをしゃぶりながらお茶でも飲むと、あの独特の渋味が口の中の天井あたりにくっついて、たまらなくなるのも昔の思い出のなせる業だ。

マダラの真子の真髄といった漬け物は「鱈の子漬け」というもので、タラの肉身を薄くそぎ切りにして一晩昆布〆《こぶじめ》にしておき、真子は袋から出して、酒と薄口醤油を半々に混ぜ、そこにみりんと砂糖を少々加えたタレに漬けておく。翌日、昆布〆にしておいた身にこの真子を加えてからよく和え、しばらくその形で置いてから食べるのである。肉身が特有な締まり方をしたところに、淡泊な味つけの真子がからまり合って、まことに妙味のある肴となる。

一方、新鮮なマダラの真子と麹との塩辛は意外に知られていないが、これも乙な味がする。真子に三割ぐらいの塩と二割ぐらいの麹を加えて漬け込み、四、五日置いて熟れたものを食べるか、または、今少し塩をきつくしてから漬け込み、長期間発酵と熟成をさせて酒の肴にする。この場合、マダラの真子だけでなく、魚屋に行ったときにヒラメやスケトウダラの真子が売られていたらそれも買ってきて、全部いっしょに混ぜ合わせたものでつくる塩辛も大変よろしいものである。

イカの「赤造り」と「黒造り」

北海道に限らず、日本海一帯そして太平洋側でも多くつくられているのが「イカの塩辛」である。その基本的なつくり方はごく新鮮なイカを用意し、腸を傷つけないように袋ごとコロリと取り出す。足に付随しているところから切り離し、パラパラと塩をふって一時間ほど置いておく。足のほうは目と口とを取り除き、またイボイボの吸盤も指でしごき取り、適宜の大きさに切っておく。頭とも耳とも呼ばれる部分も適当の大きさに切っておく。

胴は開いてよく洗い、皮をむいてからザルに広げて塩をパラパラとふり、一時間放置して自然に水気を切ってから縦に三等分する。さらにそれを横から細く切って、容器にイカの胴と足と耳の部分を入れ、腸袋を手でしごきながら腸汁をしぼり出し、塩を加えてよくかき混ぜる。塩の量は下ごしらえの分も含めてイカ四キロに対して七〇〜一〇〇グラムが目安で、好みによって決めてよろしい。

漬け込んで二、三日目のを食べて、その風味の新しさを楽しむ人もいるが、できれば塩をやや多めにして漬け込み、冷暗所に一ヵ月以上おいて発酵させた塩辛は、とても熟れた味がして風格があり、古酒あたりの肴にすると絶妙である。

イカの腸を使った塩辛は「赤造り」といい、これに墨袋の中の墨汁を加えたのが「黒造り」である。その正統なつくり方は、赤造りの方法にならってまず新鮮なマイカ、またはスルメイカ二杯を用意する。腸を破らないように取り出し、胴は開いてから縦に二枚に切り、横に細切りして水気を切る。足や胴も赤造りと同じにして切っておき、これらを仕込み容器に入れてから、取り出した腸一杯分と墨袋二杯分を、それぞれ袋から手でしぼり出してイカと混ぜ合わせる。これに好みの量の塩とみりん大さじ二を加え、冷暗所で一週間ほど置いてでき上がりである。長期間発酵させるときは塩分を多めにすることが肝腎である。

ニシンの白子漬けとタラの親子漬け

北海道に旅したとき、小樽の酒場で食べさせてもらったニシンの白子（精巣）の麹漬けはまことに美味であった。昔は大量につくられていたそうだけれども、今は知る人ぞ知る魚の漬け物だということだった。

その「ニシンの白子漬け」は、白子を飯麹（炊いた飯と米麹の混合物）、酒、塩、ダイコンの薄切り、ニンジンのみじん切りで漬け込むもので、いわゆる「飯鮓《いずし》」タイプの醸し方でつくる。まず白子に塩をしてから、重石をのせて一夜おく。それを水洗いしてから水を切り、次に酢に五時間ほど漬けて身を締める。麹は飯と混ぜ合わせておき、ダイコンの薄切りとニンジンのみじん切りもあらかじめこしらえておく。

漬け桶には笹の葉を敷いて飯麹を入れ、その上に白子をきちんと並べ、その白子の上にはダイコンの薄切りとニンジンのみじん切りを白子に被せるようにして加え、その上にまた笹の葉を敷いてから飯麹を入れて、というようにこれをくり返して漬け込んでいく。そして最後の一番上を笹の葉でたっぷりと被ってからふたをして、重石をして漬け込み作業は終わる。漬け込む期間は一〇日ほどでよい。

北海道にはほかに「タラの親子漬け」というスケトウダラの切り身を塩漬けにしてから水で洗い、酢に漬けて、スケトウダラの卵粒をまぶしたものや、「モミジ子」と称するスケトウダラの卵の塩漬け品などもある。

青森で食べたイカの沖漬け

青森でも、私はさまざまな魚の漬け物を楽しんできた。中でもイカとウニにとくに思い出がある。

「イカの沖漬け」というのは北海道や日本海に多いが、青森のものも美味であった。イカ釣り船の上で、揚がってきたピチピチのイカを醤油（それに酒やみりんを加える漬け汁もあるという）の中に放り込んで、そのまま漬け上げるというものだ。腸（肝臓）まで入っているので、それをドロドロにまぶして食うと、何ともいえぬ上品な甘味の中に、腸のコク味があって、ご飯のおかずにしても絶品だった。

ウニを塩に漬けて保存した「塩ウニ」は、海を有する地域の全国的な名産で、北海道、青森、岩手、宮城、石川、福井、三重、山口、福岡、長崎などはとくに有名である。

青森では牛乳ビンに塩ウニを詰めて、素朴な感覚で売っているのがおもしろく、それがまた大変美味である。ウニの生産地では塩ウニのみならず「練りウニ」と称してウニの生殖巣を食塩とともにアルコールで漬けたものや、塩だけを加えて（アルコールを加えるところもある）粒状に濃縮した「粒ウニ」もつくっていて、いずれも名品である。

福井県には名物の「越前ウニ」があるが、あれも粒ウニ・タイプで、最高の原料であるバフンウニの生殖巣を取り出し、これないようにして十分に洗浄した後に切り出し、塩をまぶしてさらに水切りしてから樽に詰めて熟成させたものである。水分四〇パーセント前後、塩分一五〜一八パーセントぐらいで、熟成したものは経木に包んで売られている。鮮明な赤みがかった橙色がすばらしく、香味が濃厚な点で酒客を喜ばせている。

青森にはコンブ、スルメ、カズノコ、ニンジンなどを漬け込んだ「津軽漬け」という名品があり、ほかにタラを塩漬けしてから水洗いし、それを酢に漬け直し、コンブ、ショウガ、ニンジンを加えた「タラのコンブ漬け」や「アワビの粕漬け」などもある。

宮城県はホヤが名物で、筋肉と内臓の塩辛は酒の肴としてよろしく、麴などと漬け込んだ「ばくらい」という奇妙な名前の珍味もたいそう美味である。

また、宮城県は近年、「魚の粕漬け」が多く生産されるようになって、全国に出荷されている。魚の粕漬けは宮城県ばかりでなく、「魚の味噌漬け」とともに全国のいたるところでつくられている。とにかく味噌漬けは日本人の得意技で、神奈川県の三浦市三崎あたりに行くと、美味な「マグロの味噌漬け」や「カツオの味噌漬け」などもあってうれしいものだ。

京都には西京味噌を用いた魚の味噌漬けが多く、中でもサワラやマナガツオを漬けたものは人気が高い。富山に行ったときなど、ブリの切り身を味噌漬けにしたものを必ず買ってくるのは、この味噌漬けの美味に仰天したことがあったからだ。

日本にもある肉の漬け物

日本には味噌漬けとして、根菜を漬けたもの、魚を漬けたもののほかに、肉を漬けたものも古くからあって、人びとに賞味されてきた。「牛肉の味噌漬け」は近江牛

会津地方でニシンを漬ける「ニシン鉢」は会津本郷焼きであった

（滋賀県）や松阪牛（三重県）、山形の米沢牛などを筆頭に、全国の銘柄牛産地のほとんどでつくられている。「豚肉の味噌漬け」も最近、そのすばらしい味が見直され、人気高となって全国的に漬けられている。中でも福島県郡山市の牛肉、豚肉、鶏肉の「女将漬け」という漬け肉は絶品であった。全国には牛肉、豚肉のほかに鶏肉、鴨肉などを漬けたものも点在している。宮城県にはタイのそぼろと味噌を和えた「タイみそ」や、同じ方法での「カキみそ」などもある。岩手県にはウニの塩加工品が多く、またアワビの粕漬けも有名だ。福島県にはサケの「紅菜漬け」があって、サケの身を米麹とイクラ、そして塩で漬け込んだもので、なかなかの風味がある。

会津地方で有名なのが「ニシン漬け」と「棒ダラ漬け」である。会津は海から遠く離れた地域であるので、昔から魚の干物が貴重なタンパク源となって大切に賞味されてきた。中でも「ニシン漬け」は有名で、これを漬け込むための専用の焼き物「ニシン鉢《ばち》」というのがあるほどだから、そのこだわりがわかる。古い歴史を持つ会津本郷焼きの窯元がつくり、それを会津の人たちが買ってきてニシンを漬け込むのである。

ニシンは身欠ニシンで、カチカチの硬いものを使い、酒、みりん、サンショウの葉などとともに漬け込んで数ヵ月置き、ニシンが漬け汁をたっぷりと吸い込んで柔らかくなったものを食べる。ご飯のおかずというよりも酒の肴や茶請けに喜ばれる。シコシコしたニシンを噛むと、チュルルルとうま味が出てきて口中が幸せに満ちる。秋田の「ハタハタずし」は私の大好物の一つである。腹にぶりこ（卵巣）を抱えた雌がとくに珍重されるようだが、小型の雄も非常にうまい。

山形県の「サザエの塩辛」も印象的であった。

茨城県や千葉県にはカタクチイワシを塩漬けしてから乾燥させた「塩イワシ」があり、また千葉県や静岡県にはクジラやイルカの肉を塩漬けしてから乾かした「クジラのタレ」もある。この「クジラのタレ」をさっと焙って焼酎あたりの肴にすると、その濃厚な味が強いアルコールの酒を中和して絶妙である。

「アユのうるか」は栃木県、群馬県のほか岐阜県や島根県、高知県、熊本県などにも見られ、全国的な漬け物である。栃木、群馬の両県には「沢ガニ漬け」という珍味もあった。

知恵が生んだ伊豆七島のくさや

東京の魚の漬け物といえば、その代表は伊豆七島の「くさや」であろう。黒潮海流の流れる伊豆七島の近海は昔からアジやサバ、イワシ、トビウオなどいわゆる「青魚」「光りもの」の好漁場であり、それらの干物が島々の名産であった。

これらの島は幕府への貢納品として塩もつくっていたが、取り立てが厳しいために干物製造用の塩を地元では十分に確保できなかった。そのため、大きな半切（タライよりも大きい、底の浅い桶）に海水を入れて、それに開いたアオムロやトビウオを浸してからその魚を天日に干すという工程を何回もくり返して魚の塩分を濃くする方法で干物をつくり、江戸に出荷していた。これは大体三六〇年ほど前のこととされている。

そのうち思いがけぬ副産物を見つけることになった。開いた魚を浸していた海水（漬け汁）がそのうちに発酵しはじめて、異様な匂いを持ちながら美味な液体となっていたのである。コリネバクテリウムという一連のくさや菌や耐塩性の酵母が働き、それらの菌が生産する酪酸や吉草酸、カプロン酸といった有機酸とそのエステル類があの特有の匂いを生んでいたのだ。

さっそく発酵した汁に開いた魚を漬け込んで、干物をつくるようになり、名物「くさや」が誕生したのであった。くさやの汁は各所で何十年何百年と漬け継がれてきており、それが私たちの舌を楽しませてくれるのである。

なお、伊豆七島の御蔵島には「カツオドリの肉醬」というのがつい最近まであった。御蔵島では昔からカツオドリ（オオミズナギドリのことを指し、分類学上のカツオドリとは異なる）を重要な食料としており、その料理法の一つが肉醬であった。捕らえたカツオドリの羽根を抜き、湯につけて綿毛も抜く。肉は塩に漬け込んで塩蔵し、食べるときに塩抜きして料理に使ったが、手羽や鳥ガラ、腸、内臓などはかなづちで細かくたたいてペースト状にし、これを塩とともにかめに仕込んで発酵させ、肉醬とした。この肉醬は、アシタバ汁の味つけとして格別で、島の有名料理の一つであった。

神奈川県は「マグロの味噌漬け」や「マグロの粕漬け」が有名で、原料の大部分はカジキマグロである。また、小田原市の名品「カツオの酒盗」「マグロの酒盗」も有名で、酒客のあこがれである。アジを酢でしめて、それを酢飯とともに圧押しした「アジの押しずし」も有名だ。

静岡県には清流が多く、そこでは「アユのうるか」がつくられている。焼津市では「カツオの腹すの塩辛」がすばらしかった。

北陸は魚の漬け物の本場

新潟県に行ったときにも、魚の漬け物は多かった。「タラの親子漬け」というのがあって、これは北海道にあるものとよく似ていて、マダラの白い身に塩をして、その後、酢にしめてからそれを細かくそぎ切りしておく。真子（卵巣）を皮から出して一度ゆで、よく水洗いしてから酢、砂糖、醬油で炒り煮し、これを戻したキクラゲ、ショウガの千切りとともにタラの身と混ぜ、甘酢に漬け込んでおいて一〇日目ぐらいから食べる。熟れた酢味にタラの身の上品なうま味が絶妙であった。

阿賀野川の河口では、エビに似た小さなアミを塩漬けにした「アミの塩辛」があり、それを調味料として重宝していた。採れたアミに三〇パーセントの塩をし、かめに漬け込んで一ヵ月ぐらい過ぎたら食べられるもので、豆腐の上にチョンとのせたり、生ダイコンのいちょう切りの上にのせたりして味わうのであった。

同じような塩による漬け込みに「モズクの塩漬け」がある。これは新潟ばかりでなく、遠く沖縄でもおこなう方法で、新鮮なモズクに強めの塩をし、軽い重石をのせて保存するのである。また、新潟は味噌漬け王国であるので、魚の味噌漬けもまことに豊富である。新潟にはほかに「タイの子塩辛」もあった。

富山、石川、福井あたりの日本海には、魚の糠漬けが多い。もちろん北海道にもニシンの糠漬けがあり、また北九州あたりでも多く食べられているが、この北陸三県では「へしこ」といって、サバを糠味噌に漬けたのが有名である（前述）。

サバに限らず、イワシの糠漬けも全国各地で食べられているので、もっとも一般的な漬け方を記しておこう。イワシの頭を手でむしり去ると内臓もとれるからそれも捨てる。これを水洗いしてから大振りのイワシ一〇匹あたり粗塩二五〇グラムをふりかけて樽に漬け込み、軽い重石をして一〇日間塩漬けしておく（下漬け）。水が揚がってくるから、これを塩汁としてとっておく。次に米糠（赤糠）に塩汁を少しずつ混ぜて湿らせ、樽に、底のほうから米糠、イワシ、米糠、イワシといったように交互に漬けていき、これを本漬けとする。

本漬けの時、赤トウガラシの薄く筒切りしたのを散らすことも大切。こうして漬け込んだらふたをして一〇キロの重石をし、四、五日したら、さらに五キロの重石を加える。下漬けのときに出てきた塩汁は取っておき、重石が効き出してもふたの上まで水が揚がってこなかったら、その塩汁を加える。こうして四、五ヵ月間漬けておき、漬け上がったら焼いて食べる。

サバのへしこも同じだが、焼くときは糠を落とさずにおこなうと、糠の香ばしい香りが食欲をそそる。小口切りして酢に浸してそのまま食べるのもよろしい。北九州地方には、このような魚の糠漬けを糠をつけたまま鍋で炊いて食べる豪快な食法もある。

富山県は魚の漬け物が多種あり、中でもマスを使った「マスのすし」は全国的に有名だ。これはマスの短冊切りを塩漬けしてから酢で洗い、酢飯といっしょに圧を加えてつくった名物である。享保二年（一七一七）、富山藩士で料理に精通していた吉村新八という人が神通川で獲れたマスを用いてつくったのがはじまりと伝えられる。これを三代藩主前田利興が気に入り、新八を「酢漬け役」として任命し、入念につくられたすしは、八代将軍徳川吉宗に献上されたという。

富山県にはほかに「イカの塩辛」や「ホタルイカの塩辛」「イカの沖漬け」などがある。

珍味このわたのつくり方

石川県はたぶん魚の漬け物の豊富さは日本一だと私は思っている。前述した金沢市の「蕪鮓《かぶらずし》」をはじめとして、とにかくよくつくり、よく食べられている。中でも能登半島は古い歴史があり、魚の食法も伝統的で、さまざまな魚介漬けがある。イカの腸（コロ）を数年間塩漬けしたのち、それを圧して濃い味の汁を得、それを「いしる」と呼ぶ魚醤としているのは有名である。

「海鼠腸」と書いて「このわた」と読み、これも石川県では生産量が多い。ナマコ（海鼠）の腸を塩漬けにして熟成させたもので、ナマコを生け簀《す》で泥吐きさせ、腸管を採取する。それを洗浄後、一〇～一五パーセントの上質食塩で一時間ほど塩漬けして水を切り、これにさらに一〇～一五パーセントの食塩を加えて漬け込み、熟成保蔵して一週間ぐらいで製品とする。

土産用として竹筒や小型の樽といったしゃれた容器に詰めて売られていて、酒の肴としてばかりでなく、ご飯のおかずにしても最高の珍味となる。

ナマコの異称が「こ」で、その腸であるから「このわた」と呼ぶようになったが、その歴史はきわめて古く、奈良時代にはすでに珍味として賞味されていた。

原料となるナマコは老大のものより若いもののほうがよく、また寒中のものが極上とされている。製品は黒ずんだものより鮮黄または黄褐色がよく、腸の綿条がはっきりして長いものが絶品の目安である。しかし通にいわせると、何といってもナマコから抜き取った直後の腸を生のまますするのが最高であるとのことだ。

このわたは平安時代の『延喜式』に、能登から朝廷に献納されたことが記されており、今日でも石川県は伝統的生産地である。能登のほか三河のものも有名で、当時から「能登、三河の海鼠腸、越前の雲丹、肥前の唐墨」が三大珍味であった。

今では、このわたはびっくりするほど高価になったのでそうめったに口にできるものではないが、もし幸運にも多めに手に入ったら、一度だけでよいから、私のおすすめする「このわた酒」を楽しんでみていただきたい。コップまたは湯飲み茶碗に適宜のこのわたを入れ、熱い燗酒を注いでかき混ぜるだけでけっこう。特有のうま味に磯の香りと酒の芳香とが融合し合って、絶妙の風味が楽しめる。ひょっとしたらフグのひれ酒に勝るとも劣らないほど妙なる風味と風格がある。

本場石川県能登地方に伝わる正統なこのわたのつくり方は次のとおりである。

一一月六日から四月一五日までの漁期に採捕したナマコをただちに生け簀に一夜畜養して、砂や泥を吐かす。ナマコの場合、生け簀を海底から一メートルほど浮上させて張っておくのは、一度吐いた泥をふたたび吸い込まないようにするためだそうだ。

ナマコからの脱腸は、従来は「脱腸刺し」といって、米屋が俵を引っかけるような刺し手のようなものを肛門から突っ込み、内臓をからませて引き出していたが、今は半切桶の中で小刀で腹部を三、四センチくらい切り込み、肛門部の反対側から指頭でしごき出して採取するのが一般的である。

抜き出した腸は海水でまず洗浄する。その要領は腸の先端の口の部分を太い木箸でつまみ上げ、人差し指と中指で腸管を軽くはさみ、下方に向かってしごき出して腸管内に残っている砂泥を排除するのだが、ここが熟練を要するところ。力の加減では腸が切れたりからまったりするし、十分に砂泥を除けないことも多いからだ。

塩漬けは籠または目の細かい簀の子にのせ、一〇〜一五パーセントの食塩を混ぜて水分を滴下させて水を切る。一時間ほどしてからさらに一〇〜一五パーセントの食塩を加えて保蔵し、早熟もので一週間、完熟もので一ヵ月保って製品とする。

輪島市では、「サザエの糀《こうじ》漬け」というものに出会った。サザエの肉を一度塩漬けしてから糀（麹）に漬け込んだもので、酒の肴に絶品だった。ほかに「フグの粕漬け」も印象に残っている。

世界一珍奇な発酵食品はこれだ

しかし何といっても、石川県には世界一珍しい魚の漬け物が残っている。それは私が、地球上でもっとも珍奇な発酵食品だと常々吹聴している「フグの卵巣の糠漬け」である。

世界一珍奇な漬け物はフグの卵巣を糠漬けにしたもの。猛毒もすっかり消え去っている

有毒な食材から有毒物質を抜いて食べる「毒抜き」という技術の中に発酵によって毒を抜く方法があるが、この場合は、大型のトラフグだと卵巣一個で一五人を致死させるほどの猛毒テトロドトキシンを微生物の力で分解し、美味な珍味に変えてしまうのだから驚くほかはない。

「フグの卵巣の糠漬け」は金沢市周辺の大野、金石地区や美川町、能登半島でつくられてきた伝統食品で、これらの地区では明治初期よりフグ卵巣の糠漬けの製造が盛んとなった。材料はトラフグ（マフグ）、ゴマフグ、サバフグ、ショウサイフグといった毒フグの卵巣である。

塩漬けを一年ほどおこなったあと、少量の麹とイワシの塩蔵汁を加えた糠に漬けるという方法で、食べるまでに三、四年をかけてつくられるのだが、この間に糠に生息する乳酸菌や酵母などの微生物（糠味噌一グラム中に一〇億個以上生息するという）に分解されて猛毒テトロドトキシンは完全に消え去っている。もちろん、これを食べて食中毒をおこした例はまったくなく、金沢名物として市内の土産物店や空港の土産物売り場でも売られているのである。

この珍味は酒の肴やご飯のおかずにするが、私は何よりも茶漬けをおすすめしたい。どんぶりに盛ったご飯の上にこの卵巣をくずして撒き、上から熱湯をかけよく混ぜて食べるのだが、卵巣のうま味とコク味、そして糠味噌漬け特有の発酵香と主に乳酸からくる酸味がご飯にじつに合い、すばらしい美味を生ずるのである。

宝漬け——石川県の幻の味

意外に知られていないのがサバの卵巣の珍味漬けである。「サバノコ漬け」といい、一般には「宝漬け」という名前で石川県の名物として売られている。一年以上もかけてじっくりと熟成させた珍味なのだが、残念なことに今はつくるところも数軒しかなく、幻の味となっている。

五、六月に漁獲されたサバで、傷がなく鮮度のよい卵巣が原料となる。卵巣は色沢が鮮明なものを選び、血液や汚物を除き、よく洗浄して水切りする。卵巣に対し二五パーセントから三〇パーセントの塩量を撒いてそのまま置き、三、四日後、小石で軽く圧してから、三、四ヵ月の間、発酵と熟成をさせる。そして涼しくなった秋の一〇月頃、塩漬け中に浸出してきた塩汁で卵巣を洗い、その卵巣を布袋に入れてから圧搾脱水する。

それを別な漬け樽の底に厚さ三、四センチぐらいに並べ、その上から甘酒を注ぎ、刻んだトウガラシを散らしてから、さらにみりんを注ぐ。このあたりはじつに凝っている。次にシソの葉で卵巣をクルクルと巻き、それを樽の下から順次漬け込んでいって、樽に充塡していく。その漬け樽にふたをして密封し、ふたたび三、四ヵ月間貯蔵して熟成させてから製品とする。

この「宝漬け」というサバの卵巣を原料にした発酵食品は、一年近くという長い期間をかけてつくりあげるが、使用する甘酒やシソの葉にもきめの細かい配慮がなされていることに感心する。甘酒は麴二に対しもち米一の割合で仕込み、温室またはこたつを利用して一夜醸してから米粒をよくすりつぶして用い、またシソの葉は、夏季に塩漬けしておいたものを真水に浸し、塩分を抜いて、水分をしぼったあと使用する、といった手のこみ方である。

この宝漬けの食べ方は、焼いてそのまま食べるか、その焼いたものに酢や酒を落として酒の肴にするのがもっとも美味だが、飯好きな人には、焼いたものをどんぶりに入れたご飯の上に散らし、お茶漬けにするとたいへん美味である。

宝漬けについては能登の輪島市に行ったときの思い出話がある。案内された料理屋で妙な酒の肴が出てきた。ややべっ甲色のものがシソの葉に巻かれ、それが筒切りされて出されてきたのだ。それを口にしてみると塩味と酸味と甘味のバランスがたいへんよろしく、そのうえ、うま味とコクとが一体となった絶妙な珍味であった。

案内してくれた酒造家の主人らが、すかさず、「これ、何だかわかりますか」と質問してきた。私は宝漬けというものを以前に本で読んで知っていて、その色といい、味といい、シソの葉で巻いてある形といい、これがその宝漬けであろうと思ったので、ちゅうちょせずに「サバの卵の宝漬けでしょう」と答えたら、一同びっくり仰天してしまった。「さすがは喰いしん坊の先生だ」とか、「それを当てた人はこれまでいなかった」などと持ち上げること、おだてること。その筒切りの脇に、小さな器に入ったべっ甲色のドロドロとしたものもあり、それはその宝漬けをすり鉢ですってから酢と酒少々で溶いたものだということだった。それにしても、日本人はじつにいろいろな珍味を考えつくものである。

石川県にはこのほか「フグの粕漬け」「フグの糠漬け」など、また「アワビの腸の塩辛」「サザエの塩辛」などもある。

石川県に接する福井県も海産王国で、魚介の漬け物が多い。前述したサバの「へしこ」などはうれしいものだが、敦賀や小浜あたりでつくられる「小鯛の笹漬け」は上品な魚の漬け物である。小ダイをさっと三枚におろして、その桜色の美しい肌を淡塩で漬け、それの上に笹の葉を粋にのせたもので、それを手のひらにのるほどの小さな桶に入れて売っている。一枚を口に入れて嚙むとシコシコとしながら、小ダイから上品なうま味と甘味が出てきて、それが淡い塩味と融合するものだからたまらない。あっという間にひと樽を空にしてしまう。

敦賀の駅前の「魚辻」というすばらしい魚店が独自に製している「小鯛のカブラずし」などは、唸るほどに美味である。福井県はほかに越前ウニの本場で、ウニの塩漬け品に関しては全国有数の地である。

内陸部の魚の漬け物

さて、これまで「魚の漬け物」ということなので海に接する地方の話をしてきたが、では海に面していない内陸の地方には魚の漬け物はあるのだろうか。じつは、さすがに魚大好き民族だけあって、こちらのほうにも数多くの魚介の漬け物がある。

山梨県に行くと、甲府には「煮貝」という逸品がある。駿河などから運んできたアワビを煮て、それを煮汁に漬け込んで保存するもので、土産用として樽詰もある。高価だが、酒の肴に絶品だ。

都留《つる》市からさらに山奥に入っていったところには「ニジマスの味噌漬け」があって、焼いて食べたらじつに香ばしく、うれしかったことがある。実にうまいのでそのつくり方を聞いたら、腸を去り、薄い塩水に漬けてから、味噌と酒粕とを半々に混ぜたものの中に漬け込んだものだという。バターを少し入れてアルミホイルに包んで焼いたら、これまた絶妙の酒肴となった。

武田信玄の軍臣が編み出した陣中食といわれるのが「コイの陣中漬け」である。コイの腹を割《さ》いて腸を去って水洗いし、水気をふき取ってから筒切りとし、それをたっぷりの油でからりと揚げる。別に醬油大さじ五、みりん大さじ三を合わせておき、揚げたてのコイに回しがけする。そのまま一日漬け込んでおき、さらに翌日、味噌に砂糖を混ぜた漬け床（味噌四に対して砂糖一）に漬けて、一ヵ月ほどたったら食べはじめる。漬け床に漬け込むときには、ガーゼに包んでから漬けるとよい。漬け上がったものは、そのまま焼かずに食べられるが、さっと焼いて食べるとなおうまい。

山梨県は隣の長野県同様、コイの養殖が盛んで、そのコイに注目し、しかも一度油で揚げていつでも食べられるぞ、といったあたりが陣中漬けの名になったのだろう。

飛驒のねずしと長良川のうるか

海に面していない岐阜県にも魚の漬け物は色濃く見られる。飛驒地方益田郡萩原町で江戸時代中期から酒造業を営む上野田降平さんの母君上野田美江子さん（七三歳・当時）は、毎年、年の瀬を迎えると昔からこの地方に伝わる正月料理「ねずし」の漬け込みをおこなう。
「ねずし」は炊いた飯に細かく切ったマス（鱒）をふんだんに加え、千切りのダイコンとニンジン、米麹を混ぜて漬けたすしである。手で圧しながらかめにぎゅっぎゅっと漬け込んでいき、落としぶたをしてから重石をかけて、軒下などの寒いところで半月ほど寝かせて発酵と熟成をおこない、風味をつける。飛騨地方ならではの料理で、正月になるとその漬け上がりを私の家にも宅配便で送ってくださる。上野田さんのつくる「ねずし」は、コリコリとしたマスからチュルチュルとうま味が出てきて、飯には甘味と酸味がほのかについて、香りも芳しく、まさに伝統郷土料理の王様の感がある。

大昔からこの地方は、日本海から産卵のためにマスが遡上するので、マスをめぐる食文化の色濃いところであるから、「ねずし」のほかに「マスの味噌漬け」や「マスの粕漬け」といった漬け物もある。

アユは日本を代表する淡水魚で、それを原料にした「アユの粕漬け」とも岐阜県で出会った。地酒の肴によいというので薄く切ってワサビ醬油で食べたら、特有のコリコリとした歯ごたえとアユの香りが印象的ですばらしかった。

そのアユを塩で漬けた「うるか」は長良川の名物である。腸や卵を塩漬けにして熟成させたもので、ほろ苦い味と濃いうま味は酒客を唸らせるところである。

うるかは九州の球磨川や四国の四万十川はじめ全国各地の清流でも産されるが、用いる部位によってさまざまの種類があり、「子うるか」といえば卵巣だけでの塩辛、「白うるか」は白子だけでの塩辛、「泥うるか」は腸や内臓を十分に水洗いせずにつくった塩辛、「苦うるか」とは腸や内臓をよく洗ってつくったもの、「切り込みうるか」は魚体を内臓ごと切り込んで塩辛にしたものである。しかし、やはり腸を用いた泥うるかと苦うるかが大半を占めている。

うるかを「暁川」とも書くのは、未明の川で獲ったアユの腸を良質とするゆえの雅称だ。アユは昼間に採食した川藻の中に混入していた土砂を夜のうちに吐き出すから暁の川の獲物は腸が清浄なのだという。まったく粋だ。

長良川流域では、極上のうるかには必ず若アユを使うことを鉄則としており、中でもその若アユの「苦うるか」は絶品である。うるかの品質は、アユの成長度、川の水質、獲れた場所、獲れた月、獲れた日の天候が大きく影響してくるともいわれている。したがって最高品は、若アユであること、川の水は晴天続きで濁っておらず、美麗な川藻の生えている場所であること、そして時期は五月中旬から六月までのもの、ということになっている。

うるかが多く文献に出てくるようになったのは室町時代に入ってからであるが、奈良時代の『播磨国風土記《はりまのくにふどき》』に出てくる語義不詳の「宇留加」は、もしかしたら鮎の腸の塩辛だったのかもしれない。室町時代当時も今と同様、基本的にはアユの腸や内臓に二五パーセントほどの塩を加えて漬け込み熟れさせた塩辛であり、一種の保存食であった。

うるかには特有の芳香があり、またコク味や味わい深い複雑な風味は酒客を唸らせる。それらの味をよく吟味すると、そこにはまさに調和のとれた「五味」がある。わずかに甘く、かなり苦く、いくぶん渋く、ちょっぴりしょっぱく、そしてじつにうま味がある。

特有の苦味はいくつかのアミノ酸が結合した苦味ペプチドで、チーズにある苦味と本質的に同じものであり、また渋味は脂肪酸の酸化物である。

その「うるか」に似た魚の漬け物をハゼの白子を使って賞味した記録がある。大正時代から東京湾沿岸で名物になっていた珍味「ハゼ白子のうるか」である。ハゼの白子をアユになぞらえてつくった塩辛で、これはひょっとするとアユ以上だ、ということになってたちまち大森、品川、深川、隅田川周辺の名物となったという。今では姿を消してしまった珍味だが、東京湾も今ではたいへんきれいになったということだから、ぜひ復活させて、名物店の一つもできてほしいものである。

近畿地方の魚の漬け物

大阪の黒門町の近くの小料理屋に入ったら、サワラの白子を出してくれた。実はこれは通人の間では評判が高く、多くは塩焼きにして賞味されているという。そのサワラの白子の食べ方の絶頂とささやかれているのが「白子の柚子味噌漬け」である。これは私も確かめてみたが、さすがであった。みりんで少しゆるめた白味噌に柚子をしぼって落とし、この中にガーゼに包んだ白子を漬け込み、二日後に焼いて食べるのである。焼くときは遠火で表面がこんがり、ほんのりと焦げるようにし、熱いうちに食べる。特有の香ばしさが鼻をくすぐり、味噌が背景となった奥深い味は絶妙である。

京都府では、兵庫県との県境近くにある久美浜町で「コノシロずし」を食べた。コノシロのえらを取り去り、背割りしてから内臓を除き、中骨を包丁で切り取ってから水洗いし、塩漬けする。それを水で洗い、酢に漬ける。そのコノシロの腹部に味つけした豆腐のおから（きらず＝雪花菜）を入れ、漬け桶に入れて上から重石をしてでき上がる。昔はこの腹部にクジラの尾の身を詰めたということであるが、今は目くじらを立てたくなるほどクジラの尾の身は高価なので、つくられてはいない。そのコノシロずしを食べてみたところ、じつに素朴な味がした。

なお、滋賀県は日本一の熟鮓県であるが、このことについてはすでに第四章で述べたので省略する。

兵庫県にはさまざまな魚の加工品があり、「タコの塩辛」や、タコの卵（海藤花《かいとうげ》）の塩漬けなどが印象的だった。「海藤花の塩漬け」は兵庫県明石市の名物で、瀬戸内海各地や四国、九州にもある。アワ粒か芥子粒くらいのタコの卵が、三センチぐらいの海藻に藤の花房状に付着していて、透明な黄白色で美しいものである。これを塩漬けにしておき、食べるときに塩抜きして、刺身のツマにしたり、さっとゆでて吸い物の具にして食べると、歯ごたえといい、あっさりした味といい、たまらぬ微妙さが味わえる。

タコの卵は昔はタコ壺の中に生みつけられたものを集めて、それを素干しして貯蔵品としていたものもあった。また、タコの胎卵をしぼり取り、それを麴漬けにしたものもあって、大いに酒客に喜ばれた。

塩漬けしたタコの卵は塩出ししてから三杯酢にし、酒の肴にするのが一番で、またみりん醬油で甘露煮ふうに煮つけておくと冷蔵庫の中で長く持ち、重宝な肴にもなる。

和歌山県の「小鯛の雀ずし」というのもすばらしかった。タイは目の下三寸（約一〇センチ）と呼ばれるぐらいの、チャリンコと愛称される小さなものだけを使ってつくる。酢に漬けると、美しいピンク色になり、それが丹精込めて炊いた酢飯と合うものだから、そのうまさには、度胆を抜かれる。

和歌山県は魚のすしでは北陸一帯にひけをとらないが、そのサバやサンマの熟鮓については前述したので省略する。

三重県にはおもしろいものがある。アコヤガイ（真珠貝）の貝柱を原料とした「真珠漬け」である。アコヤガイの貝柱をまず塩もみし、汚物を除去したのち、塩漬けする。これを水洗いしてから調味した酒粕に漬けたもので、何ヵ月かの熟成ののちに出荷となる。熟成中に発酵が起こり、貝柱は柔らかくなり、黄金色を帯びてきて、真珠のように美しくなるという。

中国・四国の魚の漬け物

岡山県に「ママカリの酢漬け」という名物があり、「ママカリ」とは「飯借」のことである。幕末の文人成島柳北が備中に滞在しているときに書いた随筆に「その魚、初めて漁船に上がる漁人、これを食うに美味なり、一船の飯を喫しつくし、ついには隣船より飯を借りて食う」とあり、これが名称の出典である。

その材料となるサッパというニシン科の魚は、マイワシより淡泊な味が好まれ、塩焼きやみりん干し、酢漬けにと昔から賞味されてきた。瀬戸内海や、日本海では若狭湾、松江沖などに多く生息している。旬は一〇月頃で、新鮮なサッパをよく洗ってから腹の丸みをさっと切り落とし、頭も去る。それに塩を多めにふって身を締め、酢で洗う。漬け汁は茶碗半分の酢に大さじ一の酒、砂糖少々で、それにショウガとコンブを入れる。サッパをその漬け汁に漬けて一夜過ぎてから食べる。柔らかくなっているから骨ごと食べられ、野趣もある。

同じ岡山県の「エビの麴漬け」も珍味である。アカエビやサルエビのむき身を一週間ほど塩漬けにしてから、調味した米麴に一ヵ月間漬けたものである。特有の甘味と上品なうま味が印象的で、酒に絶好の肴であった。

「ベイカのシソ漬け」も同県の名物だ。ベイカとは小型のイカで、瀬戸内海特産。大きさは大人の中指ぐらいで脚が短く、「イイダコの飯」のごとく頭（じつは胴）にいっぱい米粒状の卵が入っている。それで「米烏賊《べいか》」の字が当てられたといわれるが、本当はケシ粒ほど小さい卵だそうだ。

原料となるベイカは生殖巣を持つものだけを用いる。それを水洗いしてから軽く熱湯にくぐらせ、水切り、放冷してから調味酢の中に数日漬け込む。漬け汁の酢は米酢を用い、シソの葉、砂糖を加えてある。漬け上がったら容器に詰めてでき上がりとする。シソによってベイカの風味が格段によくなる。岡山県にはほかに「アミの塩辛」や「このわた」などもある。

広島県には「カキの塩辛」があって、これが地酒とたいへんよく合う。また山口県と並んで、ウニの塩漬け品の豊富さは全国有数である。さらに「タコの塩辛」「サザエの塩辛」「小ダイ漬け」などもあり、三次《みよし》市の「アユのうるか」も有名だ。さすが銘醸地にはそれに似合った肴があるものだと感心させられる。

山口県に旅をしたとき、「きらずずし」というのを賞味させてもらった。豆腐のおから（きらず）と「ツナシ」と呼ばれる小型のコハダでのすしであった。ツナシがないときには小アジで代用できる。おからをすり鉢でよくすり、酢と砂糖と塩少々で好みの味にととのえ、さらによくする。アジは頭を落とし、腹開きにして内臓を去り、薄めに塩をしてそのまま置く。それをさっと水洗いし、たっぷりの酢に漬けて身を締める。

アジの肉の色がやや白くなった頃合いを見て、アジの大きさに合わせて味つけしたおからを握り、アジを酢の中から出したら、表面の酢を布などで拭くようにしてとり、そのアジで握ったおからを挟むようにする。それを漬け桶（通常は飯びつを使う）に並べて上から軽く重石をして一晩置き、翌日には至福の時を迎えられる。コハダや小アジ以外に小ダイ、小サバ、イワシなどでもつくれるが、素朴な押しずしで、うれしいものだった。

山口県では、「ウニの塩辛」は全国一の規模を誇る。山陰地方では島根県浜田市の「塩ウニ」も有名。鳥取県の「カニ卵巣の塩辛」や「シロエビの塩辛」も酒の肴にもってこいである。

香川県に行ったら「ネバゴチの南蛮漬け」をごちそうになった。ネバゴチとはコチの仲間で、釣り人が嫌う外道魚の一つである。釣り人は嫌うが、味覚人はこれを捨てるなどということのなきよう願いたい。というのは、この魚は淡泊で味噌汁、吸い物、鍋物、揚げ物などにすると妙にうまいからだ。

つくり方は、まずネバゴチの頭と内臓、背びれや尾を取り去り、塩でこすってぬめりを取る。それをよく水洗いしてから小麦粉をまぶして、油で揚げる。揚げたものを三杯酢（酢三、砂糖一、醬油二）の中に漬け込んでおく。冷蔵庫で二週間は持つので、そのつど出してきて賞味できるとのことであった。これは焼酎の肴に抜群に合った。

高知県は日本一のカツオ加工県であるので「カツオの酒盗」は名物である。また「サバの姿ずし」は圧巻で、高知市の朝市には威風堂々と並んでいる。

四国にはほかにも、徳島県の「サザエの塩辛」や、高知県の清流四万十川の「アユのうるか」などがあり、愛媛県は瀬戸内海の魚介の塩蔵品が多い。

長崎の珍味カラスミ

長崎県には名品「カラスミ（唐墨）」がある。長崎県野母崎町樺島（長崎半島の先端近くにある島）の伝説によると、天正一六年（一五八八）頃、豊臣秀吉が肥前名護屋（佐賀県鎮西町）に下ったとき、長崎の代官であった鍋島飛騨守信正がカラスミを取り寄せ、それを長崎名産として献上したという。

その珍味を初めて口にした秀吉は大いに感動して、「これはいったい何という珍品じゃ」と質問した。返答をするにあたり、それまで「ボラの真子」などとしか呼んでおらず、特別の名を持たなかったことから、そんな名前では価値が少ないと考えた飛騨守は、ちょうどその形が唐の墨に似ていることから「カラスミと申します」と答えた。それ以来「カラスミ」と呼ばれるようになり、御用の品としてたいへん珍重されるようになったと伝えられている。

実に見事なカラスミ。長崎県が誇る名物である

江戸時代、カラスミの主要生産地であった樺島は、九州南西部の諸大名が参勤交代の荷物や献納品を運ぶための寄港地として大いに繁栄していた。そのため、献納品や土産用品としてカラスミを求める御用商人の出入りが頻繁であったうえに、将軍家や諸大名からも大口の注文があったので、長崎奉行はカラスミの確保に苦労したといわれる。その

ため製造されたものには一つ一つ番号が付されて、厳重に取り扱われたほどだったという。そんなことから、カラスミはますます一般庶民とは縁遠い高貴な品となり、一部の人たちだけの楽しみ物となっていったのであった。

そのカラスミの製造法を長崎まで行って観察してきたので、以下に記しておく。まず、漁獲したボラを雌雄に分け、雌の腹割きから始まる。卵巣に傷がつかないように特殊な腹割り包丁を使い、魚体の腹側を上に向けてえらの部分をつかみ、腹びれの下に包丁を入れて頭部に向け、腹部を浅くそぐ。次に包丁の刃を上に向けて、切開部に刃先を浅く入れ、生殖孔まで切開する。さらに生殖孔の左右に切り込みを入れ、その先の尾びれ寄りのところから体軸とほぼ直角に切り込む。そして、腹の中の卵巣を左手で持ち上げながら、下から包丁を回すようにして入れて生殖孔部に腹肉を少しつけているような感じで切り離す。

こうして取り出した卵巣は清水の中で洗浄するが、そのとき、血管を軽くしごくようにして押して、血液を絞り出して血抜きをする。次に水切り後、食塩を卵巣の表面に手でこすりつけてから樽に漬け込む。標準は四斗樽に一五〇～一六〇腹の卵巣を漬け込み、使用食塩量は一五～二〇キロ程度であった。

この塩漬けは一週間ほどおこない、この間に卵巣は固く締まってくる。塩漬けを終えると、ふたたび清水に浸して塩抜きをする。塩抜きに要する時間は摂氏二〇度で

七、八時間。あまり塩を抜き過ぎると製品になってから変敗が早くなるし、かといって多く残すと塩味が濃すぎ、まずくなるからむずかしいといっていた。そのため製造業者はこの塩抜き工程にそれぞれの秘法を持っており、その塩加減で自らの品質の高さを誇るわけである。指先の感触で硬軟の度合いを知り、それによって塩抜き時間を決めたり、また赤色系統と黄色系統の卵巣の違いによっても塩抜きに秘法があるという。

この微妙な塩抜きが終わると、水切りをおこない、次に卵巣一つ一つを厚板に並べて形を整え、寒風で乾かしながら入念に手入れをする。夜は室内の冷涼な場所に移し、厚板を二、三段重ねたり、重石を軽くのせるなどの軽圧を加えて整形する。この重石は、乾燥が進むにつれて増加していく。また形は左右の卵巣が接する線が真っ直ぐになるようにし、こうして一〇日間ほど乾燥させると、あの天下の珍味が完成するのであった。

その食べ方は基本通り、さっと網の上であぶって酒の肴にするに限る。

長崎県ではほかに五島列島のウニの塩蔵品が名物だ。

九州の魚の漬け物

福岡県はなんといってもスケトウダラの「明太子漬け」、佐賀県ではカニの「がん漬け」とクジラの軟骨を熟した酒粕に漬け込んだ「松浦漬け」が名物だが、これらについては前述したので省略する。

熊本県の人吉市周辺では、清流球磨川のアユを原料にした「白うるか」や「苦うるか」が有名で、じつに美味だ。また、天草地方にはノリ（海苔）の塩蔵品があって、潮の香りを放ってくれる。

大分県では、市販されているのかどうかは知らないが、日出《ひじ》町の料理屋でカレイの卵巣でつくった塩辛を賞味したが、うまいものだった。また杵築《きつき》市で食べたコチの塩辛もたいそう美味であった。

宮崎県では「ムカデノリの味噌漬け」というのに出会った。ムカデノリはキリンサイという海藻で、産出量が少なく、幻の藻なのだそうだ。冬季に採取しておいて乾燥させ、それを原料とする。それの約一〇〇グラムに水を十分に流しかけてさらす。二昼夜でだいたい漂白される。海藻は水を吸って一キロ（約一〇倍）にふくらむ。それを鍋に入れ、四合（七二〇cc）の水を加えて熱し、たえずかき回しながらトロトロになるまで煮て、型に流し込んで固めたものを、適当の大きさに切ってから味噌に漬け込み、一〇日から一ヵ月経たら食べられる。食べ方は短冊型に切り、お茶請け、酒の肴、ご飯のおかずにするとよろしい。なおこの「ムカデノリの味噌漬け」を地元では「紫金漬け」または「日南漬け」とも呼んでいる。

鹿児島県には「カツオの塩辛」があり、またこの地方固有の漬け物に「南波漬け」というのもある。アワビを小さくしたようなトコブシを原料にしたものである。まずトコブシの内臓を除去し、二五パーセントの塩で三〜五日間漬け込む。それを二四時間、清水でさらして洗浄と脱塩をする。次に「仮漬け」と称して味噌に一ヵ月以上漬け込む。そしてこれも水洗いしてから水を切り、薄く切って今度は調味をほどこした酒粕に二、三ヵ月漬けてでき上がる。これほど手の込んだ作業と長い期間をかけるので、最近は製造者が少なくなってきたという。酒の肴にはなはだよろしい。

沖縄の食卓に欠かせないスクガラス

沖縄名物スクガラス

沖縄県にも魚の漬け物が多い。「カツオの塩辛」は昔からつくられていて、今日に及んでいるが、「スクガラス」も古い伝統を持ち、琉球地方ではもっとも名の知れた珍味である。

アイゴという魚の稚魚（二センチぐらい）であるスクを塩で漬け込んで熟成させたもので、沖縄では豆腐の上にこれをのせ、豆腐とともに賞味する。ただし、非常に小骨や背ビレが鋭いので食べにくいこともある。そこで、この塩辛をすり鉢に入れてすりこぎを当て、ベトベトのペースト状にしたものを豆腐の上にのせて食べると、これは美味。またこうすると、ご飯のおかずにも重宝である。

「スクガラス」のつくり方は、スク一〇に対して塩三の割合で加え、樽に入れて重石をのせて漬ける。三、四日たつと汁がいっぱい出てくるから、スクをざるですくい上げ、残った汁を鍋に入れて塩を足して沸騰させる。それを冷ましてから今度はかめにざるの中のスクを入れてから汁を加え、密封して発酵と熟成を三ヵ月ほどかけておこなうと、食べ頃となる。

あとがき

本書では伝統の発酵食品である漬け物についてさまざまな視点から述べてきた。おそらく、本書を読み終えた多くの読者がまず抱くのは、共通して「もしも漬け物がこの世になかったなら、いかに味気ない食生活を強いられていたことだろう」という感想ではないだろうか。

そして第二に感じることは、漬け物という世界《ジャンル》の広大さと底知れぬ奥の深さであろう。野菜のみならず魚や肉まで漬け込み、そして熟鮓《なれずし》や塩辛のようなものまでその範疇に入ってしまうほどで、その種類の多さは他のどんな加工食品にも類例を見ないものである。

そして第三は漬け物に込められたさまざまな民族の知恵と愛情だと思う。あの極北の民族イヌイットでさえ、アザラシの腹の中にウミスズメを詰め込み、それを土の中に漬け込んで生きていくための知恵の漬け物をつくり出す姿には感動すら覚えたのではないだろうか。

さらに第四に感じるものは、漬け物の実に多様な食べ方かもしれない。わが国のように生のまま飯《めし》のおかずにして食べたり、茶漬けにするところもあれば、中国や東南アジアの国々のように炒め物にして食べたり、ドイツのように肉鍋に入れたりして食べるおもしろさがある。

第五に多くの読者にとって新たな知識となったと思われるのは、漬け物の意外な効用であろう。すなわち、漬け物を食べることにより、現代病として恐れられている動脈硬化症や高コレステロール症、肥満、心臓病、糖尿病、ガンなどを防ぐ効果が証明されていることである。

こうしてみると、地球上のさまざまな民族が、漬け物をきわめて重要な食材としてとらえていることがわかるのである。そして、単に食べて美味であるということだけではなく、漬け物を常に脇役として位置づけることで食の周辺を内容あるものにするという、いわば縁の下の力持ち的な存在となっている点に読者は気づかれたにちがいない。言い換えれば、漬け物のない食卓は、主役はいても準主役が不在ということになり、何ともさびしい食風景になってしまう。

本書で述べた通り、漬け物とは人知の結晶というべき食べ物であり、後世にこの食文化、そして味や香りをしっかりと伝えていくのは現代人の使命だと思う。読者が本書を読まれて、漬け物の魅力を再認識し、これからの食生活の一助とされれば、筆者としてこれほどうれしいことはない。最後に、本書を世に出すにあたり、平凡社新書編集部の土居秀夫氏には格別のお世話をいただいた。ここに深甚なる感謝の意を表したい。

二〇〇〇年八月

小泉武夫

KODANSHA

本書の原本『漬け物大全——美味・珍味・怪味を食べ歩く』は、
二〇〇〇年に平凡社より刊行されました。

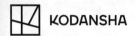

小泉武夫（こいずみ　たけお）

1943年福島県の酒造家に生まれる。東京農業大学農学部醸造学科卒業。醸造学，発酵学を専攻。農学博士。東京農業大学教授，国立民族学博物館共同研究員，㈶日本発酵機構余呉研究所長などを経て，現在，東京農業大学名誉教授，鹿児島大学，琉球大学，広島大学等の客員教授。小説家。著書に『発酵』『食あれば楽あり』『超能力微生物』『納豆の快楽』『酒の話』『発酵食品学』ほか多数。

講談社学術文庫

定価はカバーに表示してあります。

漬《つ》け物大全《ものたいぜん》　世界《せかい》の発酵食品探訪記《はつこうしよくひんたんぼうき》

小泉武夫《こいずみたけお》

2017年10月10日　第１刷発行
2025年４月16日　第５刷発行

発行者　篠木和久
発行所　株式会社講談社
東京都文京区音羽 2-12-21 〒112-8001
電話　編集（03）5395-3512
販売（03）5395-5817
業務（03）5395-3615
装　幀　蟹江征治
印　刷　株式会社広済堂ネクスト
製　本　株式会社国宝社
本文データ制作　講談社デジタル製作

ISBN978-4-06-292462-7

「講談社学術文庫」の刊行に当たって

これは、学術をポケットに入れることをモットーとして生まれた文庫である。学術は少年の心を養い、成年の心を満たす。その学術がポケットにはいる形で、万人のものになることは、生涯教育をうたう現代の理想である。

こうした考え方は、学術を巨大な城のように見る世間の常識に反するかもしれない。また、一部の人たちからは、学術の権威をおとすものと非難されるかもしれない。しかし、それはいずれも学術の新しい在り方を解しないものといわざるをえない。

学術は、まず魔術への挑戦から始まった。やがて、いわゆる常識をつぎつぎに改めていった。学術の権威は、幾百年、幾千年にわたる、苦しい戦いの成果である。こうしてきずきあげられた城が、一見して近づきがたいものにうつるのは、そのためである。しかし、学術の権威を、その形の上だけで判断してはならない。その生成のあとをかえりみれば、その根は常に人々の生活の中にあった。学術が大きな力たりうるのはそのためであって、生活をはなれた学術は、どこにもない。

開かれた社会といわれる現代にとって、これはまったく自明である。生活と学術との間に、もし距離があるとすれば、何をおいてもこれを埋めねばならない。もしこの距離が形の上の迷信からきているとすれば、その迷信をうち破らねばならぬ。

学術文庫は、内外の迷信を打破し、学術のために新しい天地をひらく意図をもって生まれた。文庫という小さい形と、学術という壮大な城とが、完全に両立するためには、なおいくらかの時を必要とするであろう。しかし、学術をポケットにした社会が、人間の生活にとってより豊かな社会であることは、たしかである。そうした社会の実現のために、文庫の世界に新しいジャンルを加えることができれば幸いである。

一九七六年六月

野間省一